山林王

田中淳夫

新泉社

序　源流の村へ

なかなかの大河だと思った。

車で走りながら右手に見える吉野川を眺めたときである。吉野川は紀伊半島のつけ根を東から西へ横断的に流れるが、私が目にしたのは山間部から平野に出てきたばかりのところだから上流に近い中流域と言えるだろう。そこで川幅は一〇〇メートルを超すのだ。もっとも水面はそんなに広くない。流量は上流にできたダムのため減っていた。

川の北岸沿いを延びる国道一六九号を東へと進む。川向こうには丸太が並ぶ木材市場が見え、その背後に一目千本《ひとめせんぼん》とされるサクラの名所吉野山がある。

大名持《おおなもち》神社を過ぎた頃から急に川幅は狭くなり山が岸に迫り始める。宮滝《みやたき》では、川の姿も変わった。滝というより渓流だが、巨石奇石に挟まれた渓谷で、白い水しぶきとエメラルド色に染まる淵が美しい。古事記・日本書紀に登場し、万葉集にも詠まれた景勝地だ。飛鳥時代には、この近くに離宮（吉野宮《よしののみや》）が置かれていた。

宮滝大橋を渡ると、道は川の流れから離れ、急峻な山々の襞《ひだ》に挟まれた。谷奥にはトンネルがある。二つのトンネルをくぐって山を抜けると、川上村だ。同じ吉野でもまた景色が変わる。山はいきなり高くなり、その山肌一面がスギとヒノキに覆われている。日本一と称される吉野林業地だ。さらに奥へ進めば、原生林に覆われた大峰山《おおみねさん》や大台ヶ原《おおだいがはら》があり、「近畿の秘境」と呼ばれる山深い世界になる。

花と歴史の数々の逸話に彩られた華やかな吉野と、巨木が立ち並ぶ林業と原生林の地・吉野。トンネルの穿《うが》たれた峰は、二つの吉野の結界なのかもしれない。

私が訪ねようとするのは、百数十年遡《さかのぼ》った明治時代の川上村である。トンネルが開通したのは一九七三（昭和四八）年だから、それまでは村に入ろうと思えば結界の山を登り、標高約五〇〇メートルの五社《ごしゃ》峠を越えなくてはならなかった。そこで私も、五社峠を歩いて越えることにした。少しでも当時の気分を味わおうという魂胆だ。

宮滝大橋近くで車を降り、国道から分岐した峠への道に入る。幅は狭く急な坂だが、今はセメントで簡易舗装されていた。車で入れるようにしたのだろう。とはいえ不用意に車を入れると側面を岩にこすりかねない。幸い私は歩きなので周辺をのんびり眺めながら登る。山はスギ一色だが、若木から太い老木までさまざまな林相が見られる。

尾根近くまで登ると、小川に出くわした。尾根に沿って水が流れるとは。少し不思議に感じたが、背景の山々はより高く、豊富な水が湧き出しているようだ。

三〇分ほどで五社峠に着いた。古めかしい社殿がある。式内川上鹿塩神社《しきないかわかみかしおじんじゃ》だ。この神社の由

五社峠。かつては茶店もあって賑やかだった(筆者撮影)

緒は記紀の時代にまで遡る。この神社があるから、道が維持されてきたのだろうか。周囲に少し平地が広がっていた。ただ道と言えるのは、ここまでだった。

かつてこの峠には茶店もあり、行き交う人々で賑わったのだが……。

五社峠を越えた人物には、歴史に名を留める人が少なくない。雄略《ゆうりゃく》天皇など伝説上の人はともかく、江戸時代には松尾芭蕉や本居宣長などもこの山々を歩いたとされる。峠周辺には多くの分岐があり、吉野山へも向かえたようだ。

明治になると、板垣退助がヨーロッパ歴訪から帰国後すぐにこの峠を越えた。さらに山県有朋、井上馨、伊藤博文、大隈重信、松方正義、後藤象二郎、中島信行ら明治の元勲、あるいは自由民権運動の闘士たちの名前が挙がる。また当時の奈良県知事も、着任と離任の際には川上村を訪問したという。同志社を創設した新島襄も、吹雪の五社峠を越えた様子を日記に残す。さらに国会議員や学者、軍人、文化人、そして外国人と数限りない。

彼らが五社峠を越えたわけは、川上村在住の土倉庄三郎《どぐらしょうざぶろう》に面会するためである。

土倉家は、代々続く大山主だ。所有した山林は、最盛期で九〇〇〇ヘクタール、県外さらに台湾の造林地まで加えると、二万三〇〇〇ヘクタールに及んだ。それらの山々には、丁寧に植えられたスギやヒノキが育ち、なかには樹齢三〇〇年以上の巨木もあったという。

山から伐《き》り出された木材は、吉野川を下り、和歌山から大阪、そして全国に運ばれた。それらが生み出す富は桁違いに大きく、明治初年の土倉家の財力は三井家と並ぶと称せられた。その経済力とともに、庄三郎の信念と行動力が明治の世を動かした。面積だけではなく、木材生産量でも財力でも山林王だったのである。

庄三郎の供をして東京を訪れた村民は、首相官邸を訪れた経験を伝えている。首相秘書官に名刺も出さず「大和の土倉が来たと総理に伝えてくれ」と言ったという。すると時の首相・大隈重信はすぐに顔を出し、庄三郎に丁寧に椅子を勧めたのである。そして庄三郎が座るまで腰掛けなかった。「エライ人とは聞いていたけれど、同じ村のじいさんという気持ちが強く、こんなにすごい人だとは思わなんだ」と述懐している。

五社峠から川上村方面へ下る道は、倒木が重なり、石が散乱していた。大正年間に吉野川沿いの道路ができて廃れ、さらに戦後トンネルが開通したことで使われなくなり忘れられたのだろう。だが、こちらの道こそ、私が本当に歩きたかった道なのだ。

五社峠越えのルートは、もともと杣人《そまびと》の踏み分け跡のような悪路だった。そこに庄三郎は私財を投じて荷車の通れる道を開いたのである。だから「土倉道」とも呼ばれる。近隣の人々がウシを使って物資の搬送を仕事とした。牛車の数は二〇〇両もあったというから輸送力もなかなかのものだ。物流は飛躍的に増え、村の生活を一変させた。

土倉道をそろそろと進む。倒木や転石を乗り越えねばならないところもあるが、意外と歩きやすい。幅は比較的あるし、堅く固められた路面は平坦で草もあまり生えていない。一部には石畳の名残もあるようだ。また山肌を削った法面《のりめん》には石垣も積まれていた。苔むしているが、今もしっかり石同士がかみ合っていて、丁寧につくられたことを窺《うかが》わせる。ただ、ところどころ斜面が崩落し、木橋は落ちていた。その姿に歳月を感じる。橋のない部分だけは、迂回して渡らねばならなかった。

やがて木々の間から、川上村西河《にしがわ》の集落が見えてきた。トンネルを抜けていたら、最初に通る集落だ。明治の頃は木が幼くもっと見晴らしがよかっただろう。ほどなく山道から国道一六九号に合流した。小中学校に沿って進むと吉野川とも再会した。川幅は四〇～五〇メートルほどに狭まっている。いよいよ大滝《おおたき》だ。

道路から見ると、吉野川の対岸に絶壁がそそり立っていた。鎧掛岩《よろいがけいわ》と呼ばれる。そこに巨大な字が刻まれていた。

土倉翁造林頌徳記念

高さ三〇メートルはあろうかという磨崖碑《まがいひ》である。一・八メートル四方もある文字が、オーバーハング気味の岩壁に刻まれている。土倉翁とは、土倉庄三郎を指す。川上村の訪問者は、この磨崖碑に迎えられるのだ。私の徒歩行の終点でもある。

絶壁を左に見て、真正面が大滝集落だ。家々は急な斜面に張りつくように建ち並び、道路沿いには商店のほか駐在所と郵便局があった。その間に小さな広場があり、公園のようでもある。そこに銅像が建っていた。庄三郎の立像である。

ここに、かつては豪壮な土倉屋敷が建っていた。昭和三〇年代に撮られた写真には、蔵と大きな門構えのある屋敷が写る(292ページ参照)。その頃はすでに空き家だったはずだが、マツの大枝が広がり、屋根は高いが平屋のように見える。その頃はすでに空き家だったはずだが、十分に往年の雰囲気を伝えている。

明治時代の土倉屋敷を訪れた人の記録によると、門をくぐると広い土間があり、多くの使用人が出入りしていたそうだ。広い座敷がいくつかあり、裏には離亭もあったらしい。母屋の一番奥まった部屋が当主・庄三郎の寝室だった。大黒柱は少なくとも四〇〇年を過ぎたケヤキで、古来のやりがんなで製材されていたという。

庄三郎の部屋には、床の間とその反対側に三尺幅の押し入れがあった。ただその奥は、隠された板戸になっていた。開くと幅二尺足らずの狭い階段が現れる。五、六段昇ると踊り場があり、そこから天井の低い四畳半の部屋二室につながった。部屋には明かりとりのような天地の狭い窓があるが、外からこの窓は見えず、部屋の存在を隠していた。秘密部屋として使われていたらしい。この部屋は、後に歴史の一齣《ひとこま》に登場する。

ちなみに屋敷が取り壊されたときの証言によると、ほかにも壁がどんでん返しになっていたり、隠された通路もあったりしたという。さながら忍者屋敷だったらしい。

今その屋敷跡に建つのは、銅像だけだ。銅像の目には、ひなびた山村の風景しか映らないだろう。だが庄三郎は、ここから明治の社会を見据え、時代と四《よ》つに組んだ。新たな教育を広め、技術革新を進め、国土の改良に取り組み、政治を揺さぶった。武器は林業である。森から明治という時代を動かした。その人生は吉野の大河のごとく滔々《とうとう》と流れ、江戸から明治へと移り変わる世を切り開いた。

長い年月の間に、彼の事績は忘れられつつある。残念ながら庄三郎に関する資料は少ない。本人が直接記した文書はもちろん、庄三郎について語られた記録も数えるほどだ。そこで改めて彼の生きた時代を洗い直し、交わった人々が残した断片的な記録を拾っては再構築する作業を進めた。それらを基に土倉庄三郎の実像に迫りたいと思う。

同時に、山村が輝いていた時代を描きたい。現代の山村は、林業の衰退と人口減や高齢化に苛《さいな》まれて疲弊している。だが山村が日本社会をリードしていた時代もあった。それを知って、再び山村の誇りを取り戻せないか。そんな思いをまとめたのが本書である。

明治20年頃に撮られた洋装の庄三郎

もくじ

第2章 山の民の明治維新……71

第3章 新時代を大和の国から……105

第4章 国の林政にもの申す……147

装画――中島梨絵
デザイン――三木俊一（文京図案室）

奈良県・川上村地図

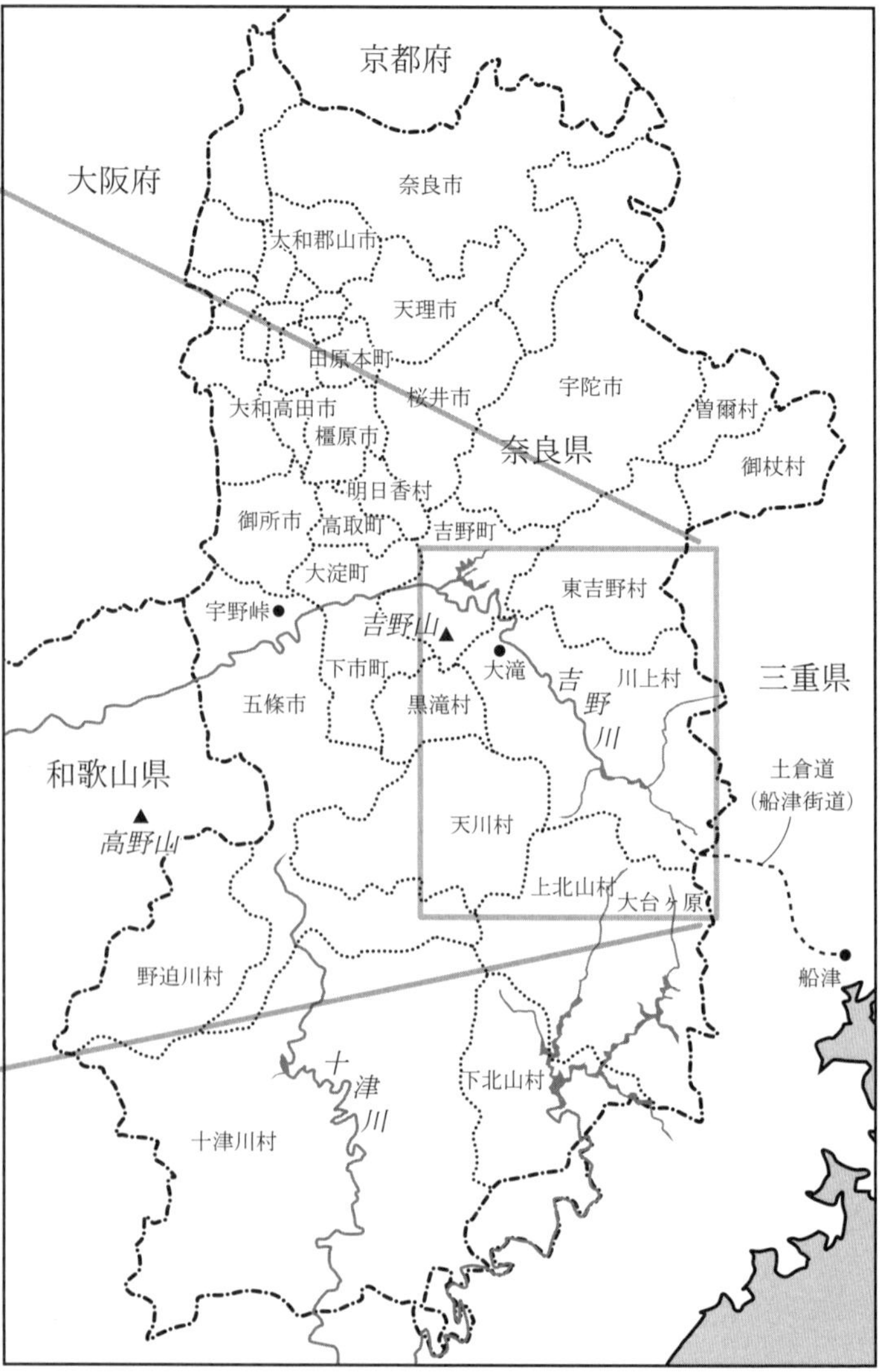
京都府
大阪府
奈良市
太和郡山市
天理市
田原本町
大和高田市
桜井市
宇陀市
曽爾村
橿原市
奈良県
御杖村
明日香村
御所市
高取町
吉野町
大淀町
東吉野村
宇野峠
吉野山
下市町
大滝
吉
野
川
川上村
三重県
五條市
黒滝村
和歌山県
土倉道
（船津街道）
高野山
天川村
上北山村
大台ヶ原
野迫川村
船津
十
津
川
下北山村
十津川村

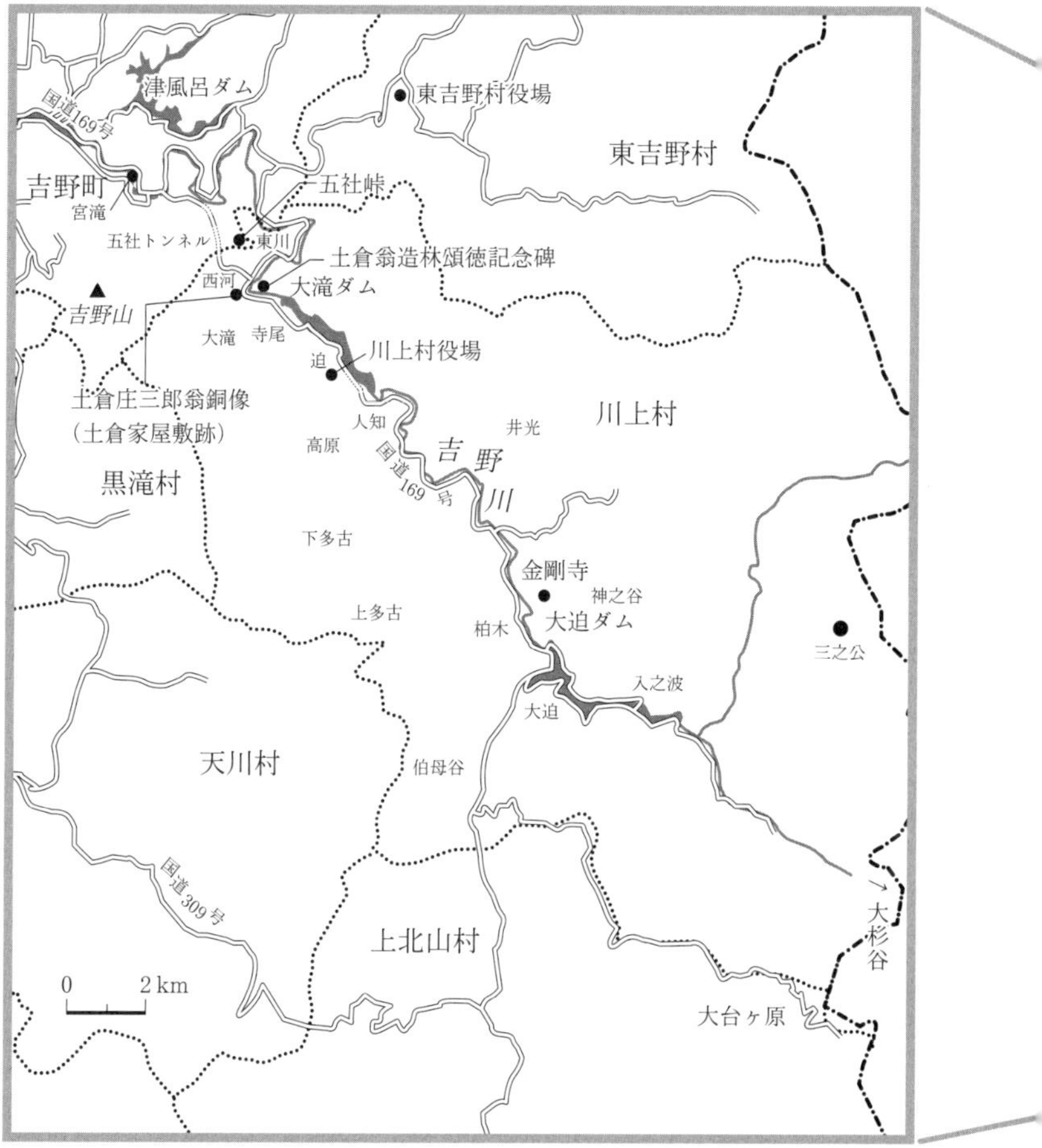
津風呂ダム
国道169号
東吉野村役場
東吉野村
吉野町
宮滝
五社峠
五社トンネル
東川
土倉翁造林頌徳記念碑
西河
大滝ダム
吉野山
大滝
寺尾
迫
川上村役場
土倉庄三郎翁銅像
（土倉家屋敷跡）
人知
井光
川上村
高原
国道169号
吉野川
黒滝村
下多古
金剛寺
神之谷
上多古
柏木
大迫ダム
三之公
入之波
大迫
天川村
伯母谷
国道309号
上北山村
大杉谷
0
2 km
大台ヶ原

川上村周辺図

土倉家家系図（本書に登場する人物を中心に）

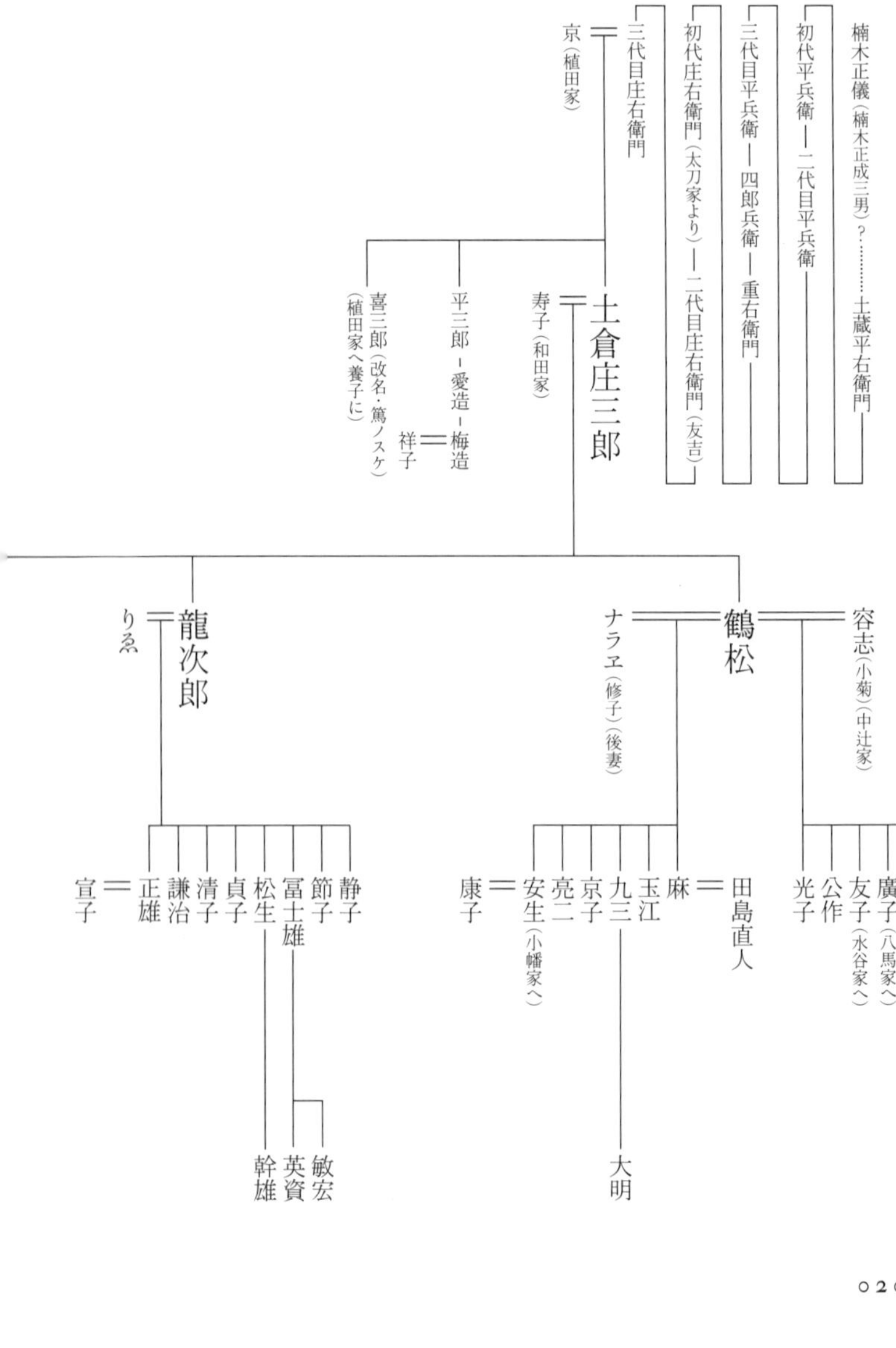

楠木正儀（楠木正成三男）？……土蔵平右衛門
初代平兵衛—二代目平兵衛
三代目平兵衛—四郎兵衛—重右衛門
初代庄右衛門（太刀家より）—二代目庄右衛門（友吉）
三代目庄右衛門
京（植田家）
土倉庄三郎
寿子（和田家）
平三郎—愛造—梅造
祥子
喜三郎（改名・篤ノスケ）（植田家へ養子に）
鶴松
容志（小菊）（中辻家）
ナラヱ（修子）（後妻）
龍次郎
りゑ
正治
泰子（北川家へ）
廣子（八馬家へ）
友子（水谷家へ）
公作
光子
田島直人
麻
玉江
九三
京子
亮二
安生（小幡家へ）
康子
大明
静子
節子
冨士雄
松生
貞子
清子
謙治
正雄
宣子
敏宏
英資
幹雄

富子＝原六郎——多喜＝邦造（婿養子）
政子＝内田康哉——寛治（養子）
茂と＝亀三郎（瀧野家へ養子に、改名・三郎、三代目新次郎）——貫
花（後妻）
糸＝川本恂蔵——弘夫
小糸＝佐伯理一郎——義男、信男
四郎
五郎（植田家へ養子に）——順子
六郎
末子＝青木鉄太郎——元生（養子）

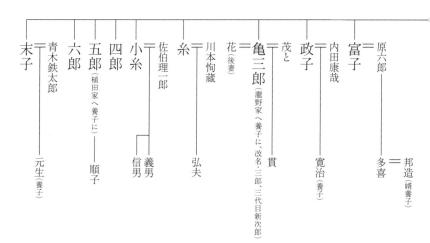

第1章

キリスト教学校と自由民権運動

1 同志社の新島襄

新島襄《にいじまじょう》の元に古沢滋《ふるさわしげる》が訪ねてきたのは、一八八一（明治一四）年一〇月の中旬だった。場所は、京都市の相国寺《しょうこくじ》門前の同志社英学校。六年前、旧薩摩藩邸跡に新島が開校した学校である。

現在は、煉瓦建築の彰栄館《しょうえいかん》や立派なチャペルが立ち並ぶ同志社大学となっているが、当時は二棟の木造校舎と食堂一棟の質素な校舎が並ぶだけの学校だった。

古沢は、板垣退助と並ぶ土佐藩出身の自由民権論者である。政府が危険視する男でもあった。その彼が連れてきたのが土倉庄三郎だ。大和の林業家という触れ込みである。

庄三郎の用件は、次男龍次郎と三男亀三郎、甥の愛造を同志社へ進学させたいという相談だった。（先に子弟を入学させて、そのあいさつだとする説もある。）

生徒が増えるのは歓迎だ。ただ、当時の三人の年齢は、一〇歳以下ばかり。英語や西欧の諸学問を学ぶというよりは、初等教育の必要な時期である。新島は躊躇《ちゅうちょ》するが、新しい教育を身につけさせたいという庄三郎の熱意は強かった。新島は承諾する。何より大富豪と聞いて、金銭援助を期待する気持ちもあった。

1800年代の同志社キャンパス（写真提供：同志社大学）

同志社英学校の経営は順調そうに見えて、何かと内憂外患を抱えていた。生徒数は年々増えている。ただ経営にかかる金銭は、アメリカン・ボード（アメリカのキリスト教伝道のための組織）からの寄付に頼っており、それゆえ新島は校長といえども教師を勤めるアメリカ人宣教師たちの意向になかなか逆らえない。いや校長と認められているのかどうかも怪しかった。宣教師には、自分たちが新島を校長に据えたという意識があったのだろう。その確執もさることながら、三五〇〇の仏教寺院と二五〇〇の神社がある京都に、キリスト教に基づく学校を開校したことに対しての軋轢《あつれき》は非常に強かった。

本来はキリスト教を教える学校設立が目標だったが、英学校として開校したのもそのためだ。しかも槇村京都府知事は、学内で聖書を教えないこと、と新島に一札《いっさつ》入れさせている。それは宣教師たちを色めき立たせ軋轢を増やした。加えて、新島をもっとも理解してくれていた宣教師のデイビスが、静養を理由に年初に中国に旅立ってしまった。

古沢など自由民権論者とのつきあいも、新島の立場をより難しくしていた。自由民権運動は反政府色が強かった。新島にとっては自由民権思想に欧米の価値基準の普及を期待するところもあったのだろうが、それが政府に睨まれる元にもなっていた。実際、この頃の新島の屋敷と学校は、常に警察の探偵（刑事）に監視されていたのである。

しかもこの時期、大隈重信が政権から追放される「明治一四年の政変」が起きたばかりだった。それは自由民権運動に対する反発が強まっていたことを意味する。

古沢は、板垣退助の依頼で民撰議院設立建白書の起草に携わり愛国公党を結成していた。さらに大阪日報社長であり自由新聞主筆も務める政府批判の急先鋒だった。そんな男が連れてきた土倉とはどんな人物なのか、新島にもまだつかめていなかった。

年齢は新島より少し上の四〇歳前後に見えた。当時の日本人としては非常に長身で、体格はやせ形だが眼光鋭く、不思議な貫禄のある男だった。それにしても、世間の反発が強いキリスト教教育を自らの息子たちに授けようという強い意志はどこから来るのか。

雑談に移ると、古沢はイギリスに留学した経験を語りだし、日本にも大学が必要だと声を大きくした。もとより新島もキリスト教主義の大学設立をめざしてアメリカより帰国したのだから大いに賛同する。当時の日本は、ようやく小中学校の設立を進めているところだったが、高等教育の場が必要と痛感していた。しかし京都という土地柄に加えて、資金調達の望みが薄いことを嘆いた。

大学設立には、少なくとも一〇万円、あるいは一五万円程度を用意しないと無理と想定していた。だが、現在の英学校の経営も新島の生活費も、ほとんどアメリカン・ボードの援助に頼っている現状では夢物語である。

この会談について、新島を研究してきた本井康博元同志社大学神学部教授は「おそらく新島も、夢を語ったのでしょう」という。英学校を創立して日が浅く、同志社女学校も立ち上げている。大学どころではない。設立に必要な額も明確な根拠はなかったはずだ。

ところが庄三郎は、大学設立に興味を示し即座に賛成した。そして金を集めるのは難しくないと断言した。「一〇万円ぐらいなら、一口五〇〇〇円の株を二〇口募れば、容易に成り立つ。私も一口分の五〇〇〇円を出そう」。

当時の五〇〇〇円は、物価に鑑みると、ざっと一億円相当だろう。これぐらいの寄付を行える金満家は日本にもたくさんいる、というのだ。土倉家でも、五〇〇〇円程度はすぐに出せる金額だと言い切った。

本井は、この言葉を聞いた新島の気持ちを次のように推測する。「庄三郎が、すぐ一〇万円を集める手だてを示し、自分も一口出すと応えたのだから、新島はびっくりしたでしょう。それが夢に火を点けて、実際に大学設立へと動き始めたのです」

2 雪の峠の向こうの土倉邸

新島は、一八四三（天保一四）年二月一二日に上州安中藩《じょうしゅうあんなかはん》の江戸屋敷に生まれた。名は七五三太《しめた》。二一歳でアメリカへの密航を目論み、函館に渡る。そこでロシア領事館の司祭だったニコライ・カサートキンと出会った。この縁で聖書、すなわちキリスト教に興味を持つ。

カサートキンの協力で密出国に成功しボストンに着くと、新島はハーディ夫妻など多くのアメリカ人の信頼を勝ち取り、クリスチャンになる。英語が堪能になったことから、アメリカを訪れた岩倉使節団の通訳も務めてヨーロッパまで同行した。名前も欧米的なジョー（襄）に改めた。その後アンドーヴァー神学校で学んでから帰国し、七五（明治八）年に同志社英学校を開校する。だが先に触れたとおり、学校経営は内憂外患を抱えていた。

そんな時に出会ったのが庄三郎だった。鬱屈した気分から希望のとば口が開いたかのような気持ちになったに違いない。

八二（明治一五）年一月一〇日、庄三郎が大阪に来ていると伝え聞くと、新島は居ても立ってもいられず、彼の大阪の定宿に向かった。寄付の話を具体的に詰めようと思ったのだ。場所は、おそらく中之島界隈の旅館だろう。中之島は大阪の商いの中心地で、庄三郎はよく滞在していると聞いていた。だが、庄三郎はいなかった。たまたま庄三郎の長男の鶴松がいたが、彼によると、すでに奈良に帰ったという。そして「父は近々東京へ行く」と聞いた。このままでは会うのは、ずっと先になってしまうと焦った。

機会を失いたくなかった新島は、急遽、吉野の大滝村を訪問する決心をした。大阪の心斎橋で油屋を営む森田耕三に道案内を頼んで、翌朝一〇時半には出発した。

この道行きは、新島の日記に詳しく残されている。平野、古市、春ヶ野までの六里半は人力車だった模様だ。その先は徒歩で大和との境の竹内峠を越えて長尾に入り、御所《こせ》の町に泊まる。ところが翌朝は、猛吹雪だった。それでも人力車で上市《かみいち》(現在の吉野町上市)、そして宮滝まで行った。柴橋を渡って鍵屋で昼食をとり、荷持ち人を一人雇って徒歩で雪の五社峠を越えた。大滝に着いたのは、午後四時半だったそうである。

驚いたことに土倉屋敷には、自由民権運動を主導する自由党副総理の中島信行や日本立憲政党の岡崎高厚も滞在していた。さらに庄三郎の弟たち(平三郎、喜三郎)や川上村小学校校長の佐久間猶斎とその息子たちも揃っていた。

この夜は、新島を快く迎えた庄三郎とほかのメンバーで、大学設立について熱く語り合った。新島はキリスト教神学の大学を頭に描いていたが、庄三郎や中島が求めたのは、政治学・法学を主眼とする大学だった。国家運営の人材づくりを描いていたのだ。そこで新島は法学部を設ける計画へと変える。庄三郎は「法学ノ為」五〇〇〇円の寄付を改めて約束した。また寄付を募る手伝いをすることも承諾した。ちなみに、新島は同志社大学をつくる前に「同志社政法学校」を設立している。（開校は新島が亡くなった一年後になった。）

結局、新島は土倉屋敷に五泊した。その間、庄三郎の求めで三夜連続で村民相手に講話を行っている。演題は「教育の大切なる事」「宗教に文明の関係ある事」「日曜日の説」である。庄三郎は村民の教養を高めることにも熱心だった。

この訪問に寄せて、新島は和歌を詠んでいる。

美吉野の峰の白雪ふみわけて尋ね来し身を知らる嬉しさ

息子たちを同志社に入学させた庄三郎は、同じ年、実娘と親戚の七人の女子を大阪の土佐堀にあった梅花《ばいか》女学校に入学させている。六歳から一三歳までだったという。そのため上市の呉服屋が大量の衣服と夜具を納入した話が伝わる。

梅花女学校は、アメリカに留学した山口県出身の澤山保羅《さわやまぼうろ》が、有志らとともに明治一一（一八七八）年に設立した。キリスト教主義教育を建学の精神として掲げ教会立学校とした。澤山は前年に浪花教会も立ち上げ、その牧師に就任している。

澤山は新島と同時期にアメリカにいたのだが、両者が当地で交流した記録は見当たらない。

また新島はハーディ夫妻などパトロンとなる人々と出会い、ボードの支援によって同志社を設立するが、澤山はそのような手段はとらなかったようだ。梅花女学校は、海外宣教師によるミッション・スクールではなく、日本人キリスト教者によって運営される国内初のキリスト教主義の「自給学校」と名乗った。

だが、経営は安定せず、資金面で常に苦しんでいた。

とくに梅花女学校を開校する際に行った校舎改築に要した三〇〇円の負債が重くのしかかっていた。そのため八二（明治一五）年末に学校存亡の危機となる。そこで庄三郎は一〇〇円の寄付を行った。

学校の財政危機はひとまず回避されたが、澤山の後輩であり、教師の成瀬仁蔵《なるせじんぞう》は、キリスト教信者でない者からの寄付を受けるのは「自給精神」に反するとした。そして「この世の不信仰を表すもの」として辞職してしまう。当時、成瀬は二四歳だった。

梅花女学校に入学させた娘たちは、一年後に年少の子どもたちの世話に学校側が困って帰すことになり、庄三郎は、長女や次女らを同志社女学校に転校させている。

同志社との違いは、校長の給与で見るとわかりやすい。新島はアメリカからの送金で年額八〇〇円を受け取っていた。そこそこ高額所得であり、生活を送るうえで支障はない。事実、彼は洋式の自宅を建てて両親なども呼び寄せて暮らしていた。メイド（女中）も幾人か雇っている。しかし澤山は、牧師の給与として受け取る月給が七円だった。

なお同志社女学校は、宣教師デイビスが自宅の一室で始めた女子塾がきっかけだ。新島の妻八重も関わっているが、生徒数が増えたので、七七（明治一〇）年に同志社女学校として正式に発足した。そこで庄三郎の娘たちは寄宿生活を送りながら学ぶことになった。娘たちの年齢もまだ一〇歳前後である。

息子も娘も幼いときから京都や大阪に寄宿させ、西洋流の教育を受けさせようとした庄三郎の思いは何か。その根底には新しい時代への期待が強くあった。

3 自由民権運動の台所

土倉家は吉野に広大な山林を所有し林業を営んでいる。なによりも地方の名士であり財産家だった。明治維新を迎えたとき、庄三郎は二八歳、すでに家督を継いで地域の顔役として頭角を現していたが、自身が目立った教育を受けて育ったわけではない。

教育熱心になった事情を、いくつかの講演で語っている。

「私は山間僻地において林業ばかりを営みとくに学問もなければ諸君のお耳を汚すだけでありますす」（岡山県山林総会で行った講演録）

「私は学問をあまりしなかったので、一向に道理がわからない、そのために何か事件に関係する度に困難を生じたことが縷々《るる》あった。しかるに私は子供を多く持っている。どうかこの子供たちには十分な教育を与えて、自分のような不自由な思いをさせたくないものと考えていた」（日本女子大学校における講演）

想像するに、庄三郎は幕末から明治初年にかけて村外の多くの人と交わる機会を持った際に、自らを省みたのではないか。そして学ぶ必要性を強く感じたのだろう。その出会いの場として想像できるのは、後に紹介する税金撤廃運動などもあるが、より大きいのは自由民権運動である。

庄三郎は自由民権運動に参加したというより運動を支えたと言っても過言ではない。

自由民権運動は、薩摩と長州出身者の藩閥政治に対する反発から、広く大衆の声を聞くべく国会を開くよう要求した運動である。土佐藩出身の板垣退助が後藤象二郎、江藤新平、副島種臣《そえじまたねおみ》らと愛国公党を結成し、民撰議院設立の建白書を出して国会開設を迫ったのが、一八七四（明治七）年。ここに自由民権運動が始まり、翌年には大久保利通・木戸孝允も集って、立憲政治の樹立に向けて協議した大阪会議が開かれた。

国会の早期開設を唱えた大隈重信が罷免（明治一四年の政変）されたものの、伊藤博文らは一〇年後の国会開設を約束した「国会開設の勅諭」を出す。そこで各地に民権結社が次々と誕生した。

庄三郎は、この運動に早くから参加していたようだ。そして大きな役割を担っていた。板垣の愛国公党は、西南戦争などもあって自然消滅したが、七八（明治一一）年に愛国社として再出発した。ここに庄三郎も入会し、経理担当の幹部に就いていた。士族中心の結社が、民間人も加わった言論による運動へと移り変わったことを示している。

愛国社再興趣意書の中程には、「譬ヘハ邦国ハ樹幹ニシテ州郡ハ根柢ナリ樹幹ノ枯稿セサランヲ欲セハ以テ根柢ヲ培養セザルヘカラズノ封建ノ制タル諸侯各々兵馬銭穀ノ権ヲ握リ地方ノ権力最モ盛ナリシト雖モ其弊ヤ地方分権ニ過キ尾大不掉ノ患アリシ故ニ廃藩置県以テ地方ノ権力ヲ収攬シ之ヲ一大政府ニ統一スルニ至レリ」という一文がある。

実際にこの部分の筆を執ったのが誰かは判然としないが、国家を樹幹、地方を根っこにたとえて〝培養〟といった言葉を使うところなどは、林業に精通する庄三郎の声を想像してしまう。また廃藩置県など地方の権限を奪って中央集権国家への道を進む明治政府への異議申し立ての色が濃い。常に地方の声を訴えていた庄三郎の心根を感じるのである。

奈良の自由民権運動は、植木枝盛《うえきえもり》らによる演説会が郡山村《こおりやま》（現・大和郡山市）や田原本村《たわらもと》（現・田原本町）で行われたことから始まった。さらに桜井徳太郎や松本長平らによる「五條自由親睦会」が五條町《ごじょう》（現・五條市）に結成されたのを皮切りに、高田村（現・大和高田市）では恒岡直史、芳村芳太郎らが「大和全国自由懇親会」を開き、後に大和同盟党を結成した。さらに宇陀の「宇陀郡親睦会」、吉野郡の「下市組親睦会」、奈良市の「北和自由懇親会」と、続々と結社が誕生している。庄三郎も、上市や五條の同志と計らって「自由懇親会」を開いたという。

奈良各地に「国会願望者」の表札を掲げるものが続出したが、とくに吉野郡に多かった。奈良県政の中心があった北部ではなく中南部の町村で広がったというのは興味深い。奈良県中部・南部は農林業が盛んで経済力も強かったことが影響しているのだろうか。

大きなうねりとなったのは、「近畿自由党」の結成（一八八一年九月）である。近畿から岡山までの自由民権結社の結集をめざし、大阪で板垣退助が政談演説会を行い「近畿自由党決議」一〇カ条を発表したのだ。この党は、東京の自由党の別動隊と位置づけられる。当時の交通や通信事情もあって、各地に別組織がつくられたのだろう。

その前後、播州出身の弁護士・善積順蔵《よしづみじゅんぞう》らが五〇日間にわたって奈良各地を回った。五條では九〇〇人の聴衆が詰めかけるなど盛り上がった。政界の大物も次々と大和入りし始めた。

自由党副総理だった中島信行も、繰り返し訪れた一人である。庄三郎は中島の大和遊説に同行している。おそらくこうした場で庄三郎は広く自由民権論者と交遊するようになったのだろう。そして論客と交わることで、教育の必要性を強く感じたに違いない。

翌八二年、善積が大滝まで庄三郎を訪ねてきて、政党新聞創刊の意義と重要性を熱く訴えた。板垣退助が創立した立志社の機関紙「土陽《どよう》新聞」によると、議論は三日三晩続き、そこで庄三郎は「余や経験もなく学識もなき一田舎漢なれど報国の赤心は敢て佗人に譲らず、願わくば余が財産三分の一を割愛して以て畿内自由党（ママ）の犠牲に供せん」と決意し新聞創業費用として三〇〇〇円の出資を約束した……と報じている。

大阪では新聞創刊が相次いでいた。一八七六年に西川甫《はじめ》が大阪日報を創刊したが、翌年に分裂して平野万里《ひらのばんり》が大阪新報を立ち上げる。さらに新報の論説記者であった津田貞《つだてい》が、七九年に朝日新聞を創刊した。なお大阪新報社は、大阪毎朝新聞も創刊している。

近畿自由党は、その後日本立憲政党と名を変えた。自由党副総理の中島信行が兼任で総理となった。八一年一一月に古沢滋の経営する大阪日報を一万二五〇〇円で買収し、日本立憲政党新聞を発行することが決まった。編集長には善積が就いた。ここで重要なのは、政党創設の費用の四三%に当たる五九〇〇円を拠出したのが奈良の民権派諸氏だったことだ。おそらくもっとも多く出したのが庄三郎だろう。そのため「自由民権運動の台所は大和にあり」と言われた。

大阪府知事が井上馨宛に出した報告書によると、その後も庄三郎の出資は四〇〇〇円、一五〇〇円と続く。そして「五万円位マデハ出金スル覚悟ナリト明言セリ」と記されていた。「岐阜日々」紙は、庄三郎が立憲政党に六万円の寄付をしたと報道している。

庄三郎は、新聞経営が危機に陥るたびに追加出資していた。中島が出した分も、実は庄三郎の負担だったという。実際、中島が土倉宛に出した手紙には「見込みより意外と多く売れている」と書きつつ、「資本に乏しく社員の先月の給与も半金しか払えない……」といった調子で五〇〇〇円ばかり送金頼むと記している。

日本立憲政党には、庄三郎と弟・平三郎と喜三郎が加入して、庄三郎は会計監督に就いた。

また演壇に立ち「自由の説民権の論」について熱弁をふるうこともあった。

ただし言論状況は、厳しかった。政府が新聞紙条例と讒謗律《ざんぼうりつ》（名誉毀損を取り締まる法律）を発布し、言論の取り締まりを強めていたのだ。立憲政党新聞は、創刊後半月で最初の発行停止に見舞われた。すぐに大阪日報として発行を続けるが、こちらも発行停止を命じられた。両紙はその後六週間発行できない状況となり、大阪日報は廃刊になる。

日本立憲政党は一八八三年に解散し、党員は自由党へ勧誘された。いわば吸収合併である。おそらく土倉兄弟も自由党に移ったと思われる。八四（明治一七）年二月、田原本村の本誓寺《ほんせいじ》で自由党系の学術演説会が開かれ、太刀婦志、岸田俊子（中島信行の妻）、桜井徳太郎とともに土倉喜三郎が演説している。さらに六月、大阪横堀《よこぼり》で開かれた懇親会に、庄三郎も桜井とともに出席した記録がある。

この頃より、自由民権運動は過激さを強めていく。政府の弾圧に対する反発とともに、各地で争議が頻発し始め、不穏な情勢が続いていた。主要な事件を並べると、八一（明治一四）年に秋田事件、八二年に福島事件、八三年に高田事件、八四年には群馬事件、加波山《かばさん》事件、秩父事件、飯田事件、名古屋事件……自由党員は、それらの事件に関わり過激度を強めていた。もはや中央の統制が利かなくなってきたのである。そして八四年一〇月二九日、板垣は自由党の解党を宣言した。

日本立憲政党新聞は存続したが、政党との関係を清算して独立した新聞になる。庄三郎は

「新聞がその名を保っている限り援助を続ける」と言ったが、官憲の締めつけが続く中で、名を大阪日報にもどした。その後他紙との合併と紙名変更を繰り返しながら、現在の毎日新聞へとつながっていく。毎日新聞の今に至るまでの発行号数は、立憲政党新聞の発行から数えられている。

庄三郎は、自由民権運動に入れ込んだ理由を明確には語っていない。ただ気になるのは、この時期の奈良県の消滅という事情である。

奈良県（一時期は奈良府）の誕生は、一八七一（明治四）年。その三年前に官軍が天領・旗本支配地を元に「大和国鎮撫総督府」を置いたが、その後廃藩置県によって大和の一五の藩や天領を取り込んで奈良県が誕生した。

ところが七九年、奈良県は大阪南部の堺県と合併し堺県となる。さらに二年後、堺県はまるごと大阪府に吸収された。理由は「困窮する大阪府の経済を救うため」と、当時の文書に明記されている。当時の奈良は比較的裕福だったのだが、その財政を大阪に回すのが目的と公言されたのだ。それは露骨な奈良からの収奪を意味した。学校設立の縮小、道路計画の放棄が進み、大阪の地価は減免しても奈良は減額しないという有様だ。

この辺りの事情を調べていると、大阪府生まれながら奈良県で送る日々の方が長い私にとって、あまりに大阪側のあこぎなやり口に憤懣《ふんまん》やるかたない。当時も中央の藩閥政治への怒りが生まれただろう。そこで奈良県再設置運動が起きる。それが同じ反藩閥の自由民権運動と結びついたのではないか。

しかし、奈良県再設置は簡単ではなかった。同じく再設置を要望してきた徳島、鳥取、富山、佐賀、宮崎は八四年に実現したが、奈良は外される。大阪の反対のためだ。運動も行き詰まっていく。それでも八七年に再び分県運動が起こり奈良の地価修正を陳情すると、地価の引き下げは却下されたものの県の再設置は認められた。これが今につながる第二次奈良県である。

庄三郎にも、上意下達で奈良県などを消滅させた政府への怒りがあったのではないか。広く国民が意見を具申すべき……それが自由民権運動に目覚め、全国の政財界の人々とつながることで、彼の政治意識を目覚めさせたように思える。

4　板垣退助、謎の洋行費

庄三郎が息子や娘を同志社や梅花などに入学させてから数カ月後、日本の政界を揺るがす大事件が起きた。板垣退助の「岐阜遭難」事件である。そして、それが後に「明治最大の疑獄」とまで呼ばれる事件へと連なった。明治の元勲と呼ばれる要人の中でも、もっとも清廉潔白な人物として知られる板垣退助を巡る金銭疑惑のことである。

庄三郎は、板垣退助と親しいことから、この事件および疑獄の真相に深く関わっている。そこで、この事件の概要を追いたい。まずは「岐阜遭難」である。

板垣は土佐藩出身で、当時の姓は乾《いぬい》。倒幕運動の中、官軍参謀として甲州勝沼に入った。その際に彼の先祖と伝わる武田信玄配下の猛将・板垣信方の姓をいただき「板垣」と称することにしたという。

維新後は明治政府の参議となるが、一八七三（明治六）年に征韓論に破れて下野し、薩摩・長州の藩閥政治に反旗を翻す。翌年、民撰議院設立の建白書を出し国会開設を迫り、土佐に立志社を結成する。七年後に議会開設の詔勅が発布されると、自由党を結成して板垣は総理（党首）に選ばれる。そこで全国遊説を行っていた。

八二（明治一五）年四月五日に板垣は岐阜に入った。翌日の演説会場は、郊外の廃屋に近い神道中教院《ちゅうきょういん》だったが、午後四時の開催時には、三〇〇人以上の聴衆が集まっていたという。板垣監修の『自由党史』によると、演説は「余や今日諸君の招待を得て此懇親会の盛宴に列《つらな》り、諸君と相見るの栄を獲たり」で始まり、「世は恰も中央集権の絶頂に達し、民生困弊して窮苦を愬《うった》えるの時、独り克《よ》く上有司の放慢を弾劾し、下国民の廃情を警策す」と、激烈な政府批判を展開した。

二時間後、喉を痛めた板垣は、場を仲間に任せて中座し一人旅館にもどった。いっとき休んだ後に再び玄関を出た。そこに右方の横合いから「国賊！」との声とともに暴漢が飛び出し、板垣の右腕を押さえて短刀を閃かした。

板垣は大喝して右肘を上げ、刃先をそらせ肘で暴漢の腹部を強く打つ。が、短刀が左胸に刺さった。さらに暴漢の短刀は、板垣の親指と人指し指の間を切り裂いた。急を察した内藤魯一《ないとうろいち》が駆けつけ、暴漢の襟をつかんで引き倒す。短刀は離れて遠くに飛んだ。

この時板垣は、有名な「板垣死すとも自由は死せず」を叫ぶ。大阪朝日新聞の第一報が伝えた言葉だが、このセリフを口にしたのは、内藤という説もある。板垣自身、後に振り返って「歴史というものは誤り易いものであって」と語っているのだが、ともあれ政治家として随一の名セリフを生み出したのが、板垣退助の「岐阜遭難」事件である。

なお暴漢は、愛知県出身の相原尚褧《あいはらなおふみ》。二七歳の小学校教諭で、「自由民権運動は天皇の大権を奪いかねないと独断にて行った」と供述している。後、無期懲役の刑に処せられ北海道の獄につながれた。

事件後、板垣は大垣の病院に入院したが、傷は比較的浅くて全治二週間だった。明治維新でともに戦った後藤新平（当時は愛知県の病院長）のほか、中島信行ら自由党の面々、立憲改進党の大隈重信も駆けつけ、明治天皇の勅使も来訪した。庄三郎も見舞ったようだ。その後、大阪の真島《ま》襄一郎《じまじょういちろう》宅へ移り療養するが、ここでも見舞いが千客万来だった。

その見舞い客の中に、新島襄もいた。新島は、牛乳、鶏卵、砂糖、バニラなどを持ち込み、攪拌器《かくはんき》で手製のミルクセーキをつくり飲み物として板垣に与えたという。和製ではあるが、西洋を連想するハイカラな飲み物とされていた。板垣は大変喜んだという。

この見舞いに関して、新島に「以前から板垣さんをご存知でしたか」と尋ねた者（村上太五平）がいる。新島は「いや何も交際はないが、わが国のために尽くすという同じ志を持った人だから見舞った」という。新島の人柄が目に浮かぶが、同時に大学設立運動に板垣の力を借りたい思いもあったのではないか。

ただ暴漢の襲撃直後に見知らぬ人物と板垣が面会するとは考えられない。おそらく新島は、古沢や中島、庄三郎など板垣が懇意とする人物の紹介を受けたのだろう。

この療養を通じて、板垣の心情に変化が現れた。急に洋行、つまりヨーロッパ旅行を企てるのだ。そして半年後には、後藤象二郎と随行員二人とともに旅立つ。自由党が結成されて一年あまり、政府系の改進党との対立が際立ち始めていた。風雲急を告げる時期に、党首が長期間日本を離れたのである。今のようにどこに滞在しても連絡がとれる状況にない。しかも洋行の目的がいま一つはっきりしなかった。

なぜ板垣は、洋行に出たのか。そして四人の洋行費はどうしたのか。費やされた二万円は、現代の貨幣価値に置き換えると三〜四億円に達すると考えられる。当然、自由党内でも問題となった。会計は火の車で、毎度全国からカンパを仰いでいる状態だからだ。

実は「岐阜遭難」の前月に伊藤博文が渡欧していた。伊藤は出発前、板垣にもヨーロッパに行くよう勧めている。そこに政府の企みが浮かび上がる。

つまり板垣を政局から遠ざけようとしたのではないか。自由民権運動をリードする板垣が日本からいなくなれば、政府にとって好都合だ。おそらく板垣も、そんな企図は読み取れたはずだが、それでも心が動いたのだろう。もしかして新島が欧米事情を吹き込んだことも影響したのかもと想像してしまう。

そこで政府が渡航費用を用立てた疑いが生まれた。真実なら、野党の党首が政府に買収されたことになる。板垣の洋行を機に自由党は、脱党者が相次ぐ事態になる。

とはいえ、さすがに政府の金庫から直接金は出せないはずだ。昭和に入って法学者の尾佐竹《おさたけ》猛《たけき》は、井上馨の書簡などを調べ、洋行費は三井財閥から出たと説いた。だが戦後、それを一変させる新資料が発見された。出所は土倉屋敷。土倉家文書である。

伊勢湾台風で土倉屋敷は水に浸かり解体やむなくなったのだが、その際に隠し部屋から長持《ながもち》一杯の文書が発見されたのである。なかには水没で滲んで読めなかったり、調査前に持ち去られたりしたものもあったが、残された文書だけで二四〇〇点を超えた。大半は山林の売買契約書や銀子《ぎんす》借用証文などだが、約六〇通の書簡も含まれていた。その多くは自由民権運動関係のもので、そこに板垣退助の手紙と証書があった。

一通は、庄三郎が資金を出したことに対する礼状で、積年の志を果たせる、と感謝を記す。

もう一通は、板垣退助代理の森脇直樹から届けられた五〇〇〇円の領収書だった。はっきり

「板垣退助洋行費トシテ御出金被下正ニ領収候也」とある。

土倉家文書を調べた天理大学図書館の平井良朋の論文から、板垣の洋行と費用に関する事態を整理してみよう。

八二（明治一五）年の四月二日（岐阜事件三日前）に、福岡孝弟《ふくおかたかちか》宅にて井上馨と後藤象二郎が会合して、板垣の外遊について議論する。

四月八日、福岡より井上への書簡で、外遊費の出所は自由党に隠蔽するよう述べる。

五月三日、井上が洋行中の伊藤博文に手紙を送り、三菱の岩崎彌太郎への出金工作を報告している。別の手紙には、三菱の工作は不首尾に終わったので三井銀行と交渉し、三井が持つ陸軍用達の権利を三カ年延長する代わり、二万円出させる内約が整ったとある。

七月、板垣は洋行を決意する。だが立憲改進党機関紙の郵便報知新聞が、洋行費の出所について攻撃し始めた。そのため自由党内でも疑惑が広がった。

九月一四日、板垣は、森脇を土倉の元に派遣し、洋行費の負担を依頼する。三〇〇〇円を受け取り、党内の幹部に告げる。

九月一八日、自由党内で洋行の是非について大論争が起こる。そのため九月二四日出発の予定は延期となった。その後、板垣は病に伏して箱根で養生するが、一一月一一日に横浜港からフランスのボルガ号で出航する。出港時に庄三郎は見送ったとも伝えられている。

また翌八三年一月二一日に、土倉より五〇〇〇円の追加資金が渡された証書がある。

この間、怪しい動きをしたのは後藤象二郎である。もともと洋行は、後藤が板垣に持ちかけたが、板垣が金の出所を聞くと、元阿波藩主の蜂須賀茂韶《はちすかもちあき》子爵の出資だと答えた。だが蜂須賀家はそれを否定した。三井の金を、蜂須賀が間に入って後藤に渡したのだという。つまり、金は三井と土倉の両方から出たことになる。

後藤は、板垣退助の幼なじみで維新立役者の一人だ。しかし立ち位置は、幕府の公武合体派から倒幕派と移り、維新後は逓信《ていしん》大臣や農商務大臣に就くものの、征韓論が破れると反政府側へ、と揺れ動く。自由党の結成に参加したかと思えば、ときに政府側に立つ。板垣に洋行を勧めたのも、政府の意向に沿ったと見るべきだろう。後藤は豪放磊落《ごうほうらいらく》ながら、公私混同が激しく金銭疑惑が絶えない。金の使い方は底抜けという評もあった。

三井から提供された二万円は、後藤が着服した可能性が高い。自由党の大江卓《おおえたく》の証言によると、板垣の詰問に対して後藤は「政府の金を使う」ことを認めていた。それでは買収されたことになると、板垣は庄三郎から出資を仰いだのではないか。

ただ、金額的に証明できるのは前金と追加分を合わせて八〇〇〇円だけだ。

庄三郎の次男龍次郎の嫁りゑは、庄三郎本人にこの件を聞いたと、生前語っていた。すると「総額二万円、全部私が出した」と答えたという。洪水に浸食された証文の中に残りの領収書があったか、あるいは返済を期待せず証文なしの金を融通したのか。

平成に入って、奈良県十津川《とつかわ》村で庄三郎の直筆と思われる文書が発見された。県に何らかの陳情をした際に、吉野郡の役所に提出した自らの実績を示す文書の下書きと思われるが、そこに寄付行為の一覧があった。その一節に「板垣伯洋行費用一万円」という記載がある。寄付したのは「明治十七年ごろ」とある。目録が書かれたのは明治二七年以降と推測できるので、一〇年以上前のことを記憶で書いたようだ。ここでも金額にズレが生じる。

板垣へ大金を寄付しても証書を作成するでもなく、金額さえうろ覚え……私は、そこに庄三郎らしさを感じてしまう。

八三（明治一六）年六月二二日、板垣一行は帰国した。八月二二日には川上村を訪問する。洋行費を出してくれた土倉家への御礼に参じたのだろう。土倉邸に滞在した三日三晩、屈強の村人が、屋敷を警護したと伝わる。「岐阜遭難」のようなことを起こさないためである。

いずれにせよ、この洋行が自由党、そして自由民権運動を衰退させたとも言えるだろう。

5　女性運動家景山英子

自由民権運動には女性の参加者も多かった。そして土倉庄三郎が支援した人物の中には、女性もいた。その象徴的な人物が景山《かげやま》（福田）英子《ひでこ》である。

英子は、現在では女性（婦人）運動家、フェミニストの草分け、あるいは女性過激派闘士として名を残す。彼女の人生は、自由民権運動の盛り上がりから解体へ向かう道筋と重なっている。一方で、庄三郎が女子教育に関心があったことが彼女への支援から窺えるので、少し追ってみたい。

英子は、一八六五（慶応元）年一〇月五日生まれ。父は岡山藩士の下級武士・景山確《かたし》、母は楳《うめ》子《こ》。四人きょうだいの次女だった。本名は英である。

明治維新を迎えると、確は巡査となり、楳子は岡山県の女子教訓所の教師として招かれた。英子は一一歳で岡山県立研智小学校に入学し、一五歳で小学校を終えると助教となった。当時は教師不足で、優秀な生徒は卒業後すぐ教師の助手となることが多かった。

転機は、八二（明治一五）年に訪れた。一七歳の英子は、岡山で開催された自由民権運動の演説会を聞きに行った。その中に自由党副総理中島信行の妻、岸田俊子がいた。

俊子は、英子より二つ年上で、明治天皇の后《きさき》に漢学を進講したこともある才女だ。中島との結婚後は、自由民権運動の弁士として活躍した。そんな紅一点の弁士が英子の前で、女性の受けているさまざまな社会的制約や理不尽な立場を訴えた。英子は、終生忘れることのできない感激の日であったと自ら記している。

八三年、英子は家族とともに昼夜二部制の私塾「蒸紅学舎《じょうこうがくしゃ》」を設立するが、自由党の納涼会に参加し演説したことから、翌年、県令（知事）より閉鎖命令を受けた。

それを機に英子は故郷を出て親戚のいる大阪に出た。さらに東京で勉強したいと思っていたところ、ちょうど自由党解党大会の開催のため、北野太融寺《たいゆうじ》に主だった党員が集まっていた。そこで、自由党の支援者として知られた土倉庄三郎なら援助してもらえるのではないかと彼の定宿である中之島の銀水楼を訪れるが、不在で諦めかける。だが当時恋人だった自由党幹部の小林樟雄《こばやしくすお》の紹介で板垣退助に面会できることになった。

英子は世の理不尽を正すためもっと勉学したいと必死に訴えると、板垣は激励するとともに、庄三郎を紹介した。そこで改めて庄三郎の元に向かい、今度は会えた。その様子を英子は自叙伝『妾《わらわ》の半生涯《はんせいがい》』（岩波文庫より引用）に記している。

「妾は諾《うべな》いて遂に伯に謁し、東上の趣意さては将来の目的など申し聞えたるに、大いに同情を寄せられつつ、土倉氏出阪せばわれよりも頼みて御身が東上の意思を貫徹せしめん、幸いに邦家のため、人道のために勉めよとの御言葉なり。世にも有難くて感涙に咽《むせ》べるその日、図らざりき土倉氏より招状の来らんとは。そは友人板垣伯より貴嬢の志望を聞きて感服せり、不肖ながら学資を供せんとの意味を含みし書翰《しょかん》にてありしかば、天にも昇る心地して従弟にもこの喜びを分ち、かつは郷里の父母に遊学の許可を請わしめんとて急ぎその旨を申し送り、倉皇《そうこう》土倉氏の寓所に到りて、その恩恵に浴するの謝辞を陳《の》べ、旅費として五十金を贈られぬ。かくて用意も全く成りつ、一向《ひたぶる》に東上の日を待つほどに郷里にては従弟よりの消息を得て、一度は大いに驚きしかど、かかる人々の厚意に依りて学資をさえ給《きゅう》せらるるの幸福を無視するは勿体なしとて、終に公然東上の希望を容れたるは、誠に板垣伯と土倉氏との恩恵なりかし」

庄三郎は、板垣退助の助言もあったのか旅費として五〇円を与えるだけでなく、学資の援助も約束した。その後、英子は大滝を訪れている。

だが英子が東京へ移り住んでまもなく、朝鮮で甲申事変（後述）が起きた。これを受けて自由党員の一部は朝鮮と結び、社会を変革しようと訴え始めた。小林樟雄も急進派の大井憲太郎《おおいけんたろう》と結びついた。大井は、日本に亡命した金玉均《キムオッキュン》を担いで朝鮮政府を転覆しようと福島で武器を製造し、朝鮮へ密輸出する計画を進める。国政を巡る自由民権運動が、海外の事変と結びつき過激な行動に走り出したのである。

英子も、この計画に入れ込む。勉学を打ち切り、計画のために必要な資金集めを始めた。同志と多摩や神奈川方面を遊説して一三八円の資金を集めたという。英子の直情径行さが表れている。一方で勉学を諦めたことから、英子は庄三郎からの学資を辞退した。そして生活のため髪結いや洗濯、仕立物などの仕事をし始める。この点は律儀なのである。

だが、大井や小林らはすでに頽廃していた。資金調達を名目に役場や寺社、富豪を襲って強盗と略奪を繰り返したのだ。しかも、遊興にふける者も現れた。英子らが身を粉にして集めた金も、婦人解放どころか遊廓に通う金に費やされたのである。

それでも英子は、爆発物を大阪まで運搬する役割を担った。さらに大阪では二〇〜三〇人の男たちの世話までさせられている。

だが、この計画は大阪府警に探知されていた。八五（明治一八）年一一月二三日、大阪と長崎の実行部隊約二〇〇人が逮捕され、武器弾薬も押収された。世にいう大阪事件である。大井や小林はもちろん英子も逮捕され、軽禁固刑一年六ヵ月監視六ヵ月の刑を受けた。出獄できたのは八七年である。ただ、その後も幾度か大滝に庄三郎を訪ねてきたというから、交わりは途切れなかったようである。

実は庄三郎も、過激化した自由党分派と関わりがあったようだ。大阪事件の約半年前に当たる八四（明治一七）年七月三一日、庄三郎は、大阪府警察本部に連行され取り調べを受けている。容疑は、群馬事件で捕らえられた宮部襄《みやべのぼる》の罪人蔵匿《ざいにんぞうとく》だった。

宮部は群馬師範学校の校長だったが、自由党に入党後、八四年五月に妙義山で挙兵した。鉄道開通式に出席する天皇や政府高官の乗る列車を襲撃し政府転覆を企てたのだ。ただ式が延期になったため、対象を警察署襲撃に変更した。結果的に参加した農民が行ったのは金貸しの家の焼き討ちだけだった。これが群馬事件だが、宮部はその首謀者の一人として、官警に追われていたのである。ちなみに佐藤藤太の『土倉庄三郎』には、本件について「また」とあるので、連行されるのは複数回あったのかもしれない。

庄三郎がそんな宮部を匿《かくま》ったのかどうかはともかく、接触していたのは事実のようだ。幸い庄三郎は、翌日に放免された。容疑が晴れたのか、政財界の重鎮と通じている庄三郎に警察が遠慮したのかはわからない。ただ当時の日本各地で、そのような騒乱が起きていたこと、その空気に庄三郎も触れていたことは間違いないだろう。

その後英子は、小林と別れ大井と内縁関係になるも、一転してアメリカ帰りで万朝報《よろずちょうほう》記者の福田友作と結婚し、クリスチャンになった。福田とは死別するが、その後角筈《つのはず》女子工芸学校を開設（二年後、経営難から閉鎖）したほか、幸徳秋水らが結成した平民社の社会主義運動にも参加した。さらに一九〇七（明治四〇）年には『世界婦人』を創刊し、主筆として社会主義による婦人解放を主張した。また足尾銅山鉱毒事件の支援活動にも尽力した。

英子は「妾が天職は戦にあり」（『妾の半生涯』序文）という言葉を残すが、一生を社会運動に身を投じ続けた女性である。

6 金玉均と朝鮮侵攻計画

自由民権運動が朝鮮の革命運動と結びついたことは先に触れたが、庄三郎も朝鮮の重要人物と接触していた。金玉均《キムオッキュン》。李氏朝鮮の近代化に取り組んだものの失脚し、日本に亡命した人物である。

土倉家文書に金からの手紙が残っている。白の角封筒には「神戸客　田山捨造」とある。金玉均の偽名だ。最初に「芳山先生」とあるが、これは庄三郎のことだろう。全編漢文で、非常に難解。『評伝土倉庄三郎』（以下、『評伝』）を記した土倉祥子も解読するのに困って東京大学の中国文学研究者のところにも持ち込んだが、十分に読めなかったという。それでも手紙の字面を追うと「（明治一八年）六月二六日　金玉均戴拝」と署名されてある。祥子の訳を引用する。

「芳山先生に手紙をもって申し上げます。私の年来の望みがかない、御目にかかれて欣快に存じます。貴方の御立派な御言葉は、今なお胸中に印しております。お別れしてからまた一度大濤（大事件）が押し寄せまして、群山万谷を濯い流し、また心配事が起こりました。もう一度、巴山の翦燭のような革命運動の危機になろうとしております。

先生の御機嫌如何でございますか。美しい山の色、楽しい渓水の声は、御清福に満ちた貴下の御健康を保つに充分でございます。

私の心の迷いのやむことないのは旅にあるからでございます。これを愁鬱といい、これを逍遥と申しましても、いずれも先輩に向かって申し上げるに堪えません。

樽井君をもって数言の御教えを拝聴いたしましたが、人に語るべくもございません。

この手紙に私の心の中は書き尽くせません。他日、思いついて御訪ね致すかもしれません。
もし御厚意がございましたら、御手紙を賜りたく存じます」

（一部、送り仮名を現在のものに修正した）

金玉均について語るには、朝鮮の近代史に触れねばならない。

李氏朝鮮は江戸時代の日本と同様の鎖国政策をとっており、宗主国である清と通信使を送る日本（徳川幕府）以外との対外交流は行っていなかった。

明治新政府は、新国家の樹立を通告する使節を送ったが、それを拒否する。理由の一つに、これまでの署名・印章（徳川幕府のもの）と違うことを挙げている。その後も幾度か交渉しようとしたものの拒否されたため、日本では征韓論も湧き上がるのだが、一八七五（明治八）年に軍艦二隻を送ったところ、江華島《カンファド》付近で交戦となった。後に日朝修好条規を締結して朝鮮も開国へと進むのである。

金玉均は、一八五一年生まれ。二一歳で科挙（官僚登用試験）に首席で合格するが、それは日本に開国を迫られていた時期である。そのためか早くから開化思想を育て、独立党を結成している。

金は、八二（明治一五）年に日本を訪問した。長崎に上陸した金と面会した炭鉱経営者の渡邉元が、自宅に金を招いたときの記録によると、十数人の随員を従え、朝鮮服で大きな帽子を戴き、四、五尺もある長煙管《ながギセル》でスパリ、スパリと煙草を吸いながら話をする……という典型的な朝鮮の高級官僚・両班《ヤンバン》の振る舞いだったという。日本には約一カ月間滞在し、各地を歩いて視察した。その後も二度日本を訪れている。また金は、渡邉と義兄弟の契りを結ぶ。

一八八四（明治一七）年一二月四日、独立党の金は挙兵し王宮を占拠した。これには日本政府も裏で後押ししていた。六人の高官を殺害した後、国王一家を拉致して、新政権の樹立を発表する。ところが、駐留清軍が出動して形勢は逆転した。日本兵は戦おうとせず、反乱軍は壊滅する。金玉均ら九人は、日本公使館員と仁川《インチョン》港の日本船舶に逃げ込んだ。日本の竹添公使は金を清軍に引き渡そうとしたが、船長が拒否して日本に運ぶのである。

これが甲申事変である。金は、四度目の日本の土を亡命という形で踏むことになる。東京では福沢諭吉邸や浅草本願寺に寄寓していたが、政府は金に国外退去を命じた。朝鮮政府が、金を暗殺するため刺客を送り込んできたからである。

しかし世論が反発したため政府は退去命令を取り消し、強制的に小笠原諸島へ行かせた。離島に隔離してほとぼりを冷まそうとしたのだろう。小笠原滞在は二年に及び、父島と母島に幽閉されている。次に北海道に移され、函館や札幌などを転々とさせられた。東京に落ち着き自由に動けるようになったのは、九〇（明治二三）年四月になってからだ。

庄三郎と金をつなげたのは、手紙に登場する「樽井君」こと、樽井藤吉《たるいとうきち》だ。

樽井は、四九（嘉永二）年に奈良の五條の材木屋の次男として生まれた。西郷隆盛に憧れ東京に出たが、西郷は征韓論に破れて下野したので、国学者の井上頼圀《いのうえよりくに》の門人となった。だが西郷が起こした西南の役（一八七七年）の際に呼応しようと東北で兵士の募集を行っている。一八八二（明治一五）年には、長崎の島原で東洋社会党を結成した。その頃に金と出会ったようだ。二人の地元の西海新聞の記事によると「長崎の船大工町の桜湯」で両人が初めて会ったという。二人を引き合わせたのは、渡邉らしい。

東洋社会党は、日本で最初の社会主義政党である。宣言文の第三条に「我党は社会公衆の最大福利を目的とす」、第四条に「旧来の弊習を矯正し貧富の世襲を破壊する左の項目を以てす」とある。これらの思想が危険視され、結党二七日目に解散を命じられる。しかし樽井は東洋社会党党則草案を印刷して配布した。そのため逮捕される。

禁固一年の刑から出獄後、政治結社・玄洋社《げんようしゃ》の頭山満《とうやまみつる》や平岡浩太郎《ひらおかこうたろう》らと交わり中国に渡るが、金の日本亡命を知り、急いで帰国し頭山とともに再度面会する。

樽井は「五〇〇人の猛士を汽船に乗せて仁川に到り、不意に京城を襲ひ」、新政府を樹立する案を示したという。金も亡命直後に朝鮮へ送った書簡には「豊臣秀吉に連行された朝鮮人の子孫一〇〇〇人を雇兵し、機会を見て朝鮮に入りたい」と捲土重来《けんどちょうらい》を狙っていた。

当時の日本の世論は、各地で朝鮮への出兵を唱えて従軍願が出されていたほか、軍費の寄付も集まっていた。また過激化した農民や自由党の元党員も、征韓・征清論を唱えていた。募集すれば、頭数だけなら五〇〇〇人くらい集まったかもしれない。

問題は、樽井の朝鮮侵攻計画の資金源として、庄三郎を当てにしたことだ。

樽井は金とともに土倉家を訪問しようと、兵庫の有馬温泉に滞在していた金の元を訪れる。だが金は拒否した。樽井の言にうさん臭さを感じたのかもしれない。結局樽井は一人で庄三郎に面会したが、資金拠出は断られた。庄三郎は「自分の財産と言っても大体が山であり、現金はない。今年の凶作で金融はすっかり梗塞している。貸してくれそうな銀行もない」と述べたという。体のよい断り文句であろう。

そこで桜井徳太郎に相談した。桜井は、樽井と同じ五條の出身で、自由民権運動でも活躍した一人だ。彼らは金を訪ねて三万円の拠出を約束し、再び土倉家への訪問同行を申し出たものの、やはり断られている。

このように金は、樽井を通した庄三郎との面談は拒否したのだが、その後吉野を訪ねて庄三郎に会い数週間寄寓するのである。金の思いはわからぬが、樽井抜きで庄三郎と会いたかったのかもしれない。

先の手紙の文面から庄三郎と金は大いに意気投合した様子が見てとれる。二人の交流は、その後も途切れなかった。庄三郎も、おそらく金銭面で援助したのだろう。

一八九四（明治二七）年三月、金は清の軍閥・李鴻章《りこうしょう》の援助を受ける計画で上海へ渡った。しかし、これが罠だった。計画を持ちかけ同行した洪鍾宇《ホンジョンウ》こそ、朝鮮の刺客だったのだ。金は、上海に上陸した翌日に射殺される。遺体は六つに切断されて、往来にさらされたという。

翌九五年、大阪事件が発覚し、日本の朝鮮侵攻計画は完全に頓挫するが、その際には樽井や桜井も一時拘束されている。こうして自由民権運動の残滓《ざんし》は消えていくのである。

余談だが、金玉均の暗殺後に出された大阪府の報告書に気になる記述がある（『秘書類纂・朝鮮交渉資料』）。それによると、金は亡命直後の八五（明治一八）年頃、関西滞在中に山口ナミという女と関係を持ち、彼女は翌八六年四月に男子を出産した。その児は、滋賀県の永源寺の寺男に養子に出されたが、やがて桜井徳太郎が大和に連れ帰ったという。

金が、上海に向かう直前に大和に寄った（土倉家への訪問を指すと思われる）のは、わが子を一目見るためだったと当時の新聞は伝えている。

真偽はさておき、遺児は大和（奈良）のどこへ預けられたのだろうか。まさか川上村にいたとは思えぬのだが……。

7 国政選挙立候補の顚末

過激化する自由民権運動は衰退していくが、それでも運動の本来の目的である国会開設の準備は進んだ。第一回衆議院議員選挙が、一八九〇（明治二三）年に実施される。この選挙に、土倉庄三郎が立候補したことはあまり知られていない。

日本初の国会議員選挙では、選挙権および被選挙権に多くの条件があった。選挙権は満二五歳以上で一五円以上の納税者でなければならない。これは相当な高額所得者である。さらに被選挙権は、満三〇歳以上で同額の税を納める者だけに与えられた。限られた人々だけの国政選挙だったのだ。当時の感覚では、十分な税金を納めた者だけが、政治に参加できると考えられたのだろう。

しかし、これらの条件を満たす人は限られてしまう。奈良県第三区（五條・吉野地域）で、立候補資格を持つ者はそんなに多くなかった。樽井藤吉も立候補を模索したが、納税額が足りずにできなかった。桜井徳太郎は立候補したが、内務大臣の品川弥二郎《しながわやじろう》が庄三郎に立候補をうながしたらしい。品川は長州出身で吉田松陰の松下村塾出身だ。維新後はヨーロッパにも視察に行っている。庄三郎とは、林業政策を通して昵懇《じっこん》の間柄である。

とはいえ、庄三郎の本意ではなかったようだ。立候補したものの、国政の場に出る気持ちはなかった。多くの政治家と交流し、また社会政策に関わってきたにもかかわらず、政治との距離を保ちたがる。彼の不思議なところでもある。

そして庄三郎は、選挙期間中に立候補を辞退したのだ。それも新聞を通じて辞退を発表し、なんと対立候補の桜井を推薦した。

だが桜井は、中央政界に評判がよくなかったらしい。そこで二年後の第二回選挙時に庄三郎は、再び出馬を要請された。東京から使者が来たが、気の進まなかった庄三郎は、代わりの人物を出す約束をした。それが樽井だった。樽井は、富豪の森本家に名義上の養子に入って、被選挙権を得たのである。だから名前は森本藤吉になっている。

桜井も再選をめざして立候補したから、かなり激しい選挙戦になったようだ。竹槍を用意したとか、樽井が桜井陣営の集会に乗り込んだ逸話が残る。この二人は、朝鮮侵攻を企てた際の盟友であり、いずれも庄三郎と昵懇の仲なのだが、不思議な巡り合わせである。結果は、土倉家の全面的な支援を受けた樽井が当選した。

樽井は議員になって、日本銀行国営案や鉄道国営案、米穀国家管理案などを建議した。いずれも後に実現した政策だ。また品川弥二郎、陸奥宗光らと社会問題研究会を結成している。ただ国会が解散されて、彼の任期は二年足らずで終わった。

樽井には、もう一つ〝業績〟がある。国際法の解説書『万国公法』を読み、その中の「瑞西(スイス)の中邦は、普王(プロシア王)の領土でありながら猶且つ瑞西連邦の一に加つて居る」という箇所から、日本と朝鮮の合邦《がっぽう》を思いつく。

そして執筆したのが『大東合邦論』である。ただ初稿は、官憲に没収されてしまった。そこで九〇(明治二三)年に漢文で書いて、翌年中江兆民の主宰する『自由平等経綸』誌に連載した。これを九三年に三〇〇〇部刊行する。出版費用を融通したのは、庄三郎だった。

『大東合邦論』には、欧米列強に対してアジアは一丸となって抵抗すべきと訴えており、植民地とは異なる「アジア統合」の道を唱えた。あくまで対等合邦の主張で、日本の「領土拡張方式」は見込みがないとはっきり記す。合邦後の政体は連邦制をとり、日本と朝鮮が対等であるよう「大東」という新国名を提案した。参政権も「各邦人民をして合成一統国の大政に参ずるを得しめる」ため、双方人民に与えるとした。

日本国内では「スケールの大きい意見だが、実現は難しい」（東京日日新聞）という評もあったものの、全体に「唐人の寝言」と酷評された。ただ『大東合邦論』一〇〇〇部は朝鮮に送っており、文化人の間で持て囃《はや》され書写されて秘かに広がり愛読された。一九〇四（明治三七）年には親日派の「一進会」が設立され、政治結社へと成長して韓日合邦論（李氏朝鮮は、一八九七年に国号を大韓帝国に改めた）を唱えた。今日の韓国朝鮮の世論からは信じられない状況である。

この著によって樽井は、大アジア主義者として知られるようになった。後に日韓併合の先駆的オピニオンリーダーとしても持ち上げられる。

一九一〇（明治四三）年の日韓併合後、『大東合邦論』は再刊されたが、「再刊要旨」などで日本の韓国併合を強く後押ししていた。しかし現実の併合の形態は、彼が主張した対等の「合邦」とは似ても似つかぬものだった。にもかかわらず、樽井は日韓併合をすんなり喜んだ。そこに彼の思想的限界があったのかもしれない。

日韓併合に対して庄三郎は何を思ったのか、記録は残っていない。

8 新島襄の死と八重

新島襄は、庄三郎と会ってから同志社の大学部設立運動に邁進《まいしん》していた。だが、簡単ではない。「五〇〇〇円出資してくれる人を二〇人」見つけるのは至難の業《わざ》だった。

運動を始めて三年目、「明治十七年五月」（一八八四年）と記された「義捐者《ぎえんしゃ》名簿」には、発起人が新島襄と山本覚馬《やまもとかくま》で、多くの人の寄付額が並記されている。まず土倉庄三郎名で五〇〇〇円。井上馨と大隈重信が一〇〇〇円、平沼専蔵二五〇〇円、大蔵喜八郎と田中弥八が二〇〇〇円、原六郎が一〇〇〇円と並ぶ。政財界の大物の名前も多いが、中には一円、二円、五〇銭といった少額を寄付した市井の人の名もある。

当時、大学は東京帝国大学を始めとして官立がいくつかあったが、私立大学はまだほとんどない。慶應義塾は幕末に開校しているが、大学部を設けたのは一八九〇（明治二三）年。早稲田大学は東京専門学校として発足し、大学に改組したのが一九〇二（明治三五）年だ。

新島は、全国各地を回って民間の大学の必要性を説き続けた。東京で開いた募金相談会では、庄三郎に井上馨の紹介を頼んでいる。その会の出席者には渋沢栄一、青木周蔵、陸奥宗光、原六郎など政財界のそうそうたる面々が含まれている。原は庄三郎の娘婿にあたり、六〇〇〇円も寄付した。おかげで新島は三万円以上の寄付予約を得たという。なお、同じく娘婿の佐伯理一郎は、同志社病院と京都看病婦学校を買収して資金援助しているが、その資金は土倉家から出たのではないかと言われている。

ただこの頃から新島は、健康を害し始めたようだ。二度目の海外渡航をした八四年に、スイスのサンゴタール峠で心臓発作を起こして倒れた。その後も体調の優れない日々が続いていたが、病を押して大学設立のため全国を駆け巡っていたのである。

八九年一〇月、新島と庄三郎は東京と横浜で会い、庄三郎の案内で中島信行の自宅を訪ねた。その後新島は募金の呼びかけのため前橋に行くが、そこで急性腹膜炎症を発症し倒れた。神奈川県の大磯の旅館で静養するものの病状は悪化の一途をたどった。この療養中に、庄三郎に手紙を送っている。

その内容は、自分の亡き後の妻八重の生活を案じて、三〇〇〇円を出資するからマッチの軸となる木を植えてほしいというものだ。ただし、その出資は庄三郎の息子や娘たちの教育費で相殺する。二〇年後に利益が出た場合は、配当金で妻の生活費に充てたい。利益が出なかったらそれまでのことで諦める、という「鉄面皮」の申し出であった。金銭面で後事を託せる人物は、庄三郎以外に見当たらなかったのだろう。当時、マッチの製造は産業として発達しつつあった。軸になる木とは、おそらくマツだろう。

八重は、幕末の戊辰戦争で会津の若松城（鶴ヶ城）に籠もり、自ら銃を手に狙撃手として戦った女性である。会津が降伏してからは、京都にいた兄の山本覚馬の元に身を寄せていた。覚馬は、官軍に幽閉されて視力を失っていたが、維新後は京都府の顧問となっていた。同志社英学校を京都に開校するのを後押ししたのも彼だ。

新島は、山本邸で八重と出会って見初め求婚した。八重は、同志社の女紅場（女学校）の教師と寮長を務めたが、同志社の門人たちとそりが合わなかった。男尊女卑の気風は当時も強く残るうえ、門人に官軍側の藩出身者が多かったことも八重にとってはわだかまりがあったのだろう。そのため新島は、自分の死後の八重の生活を案じていた。

庄三郎が実際にマッチ棒となる木を植えたかどうかは定かではないが、そのくらいの金銭を融通するのは造作もなかったろう。

新島襄・八重夫妻（写真提供：同志社大学）

九〇年一月二二日、新島の義理の甥・新島公義《きみよし》が庄三郎に電報で新島が病気療養中であることを知らせた。翌日「大人ご病気の由、ご容態いかが、伺い奉る」と返信が届いたが、その数時間後に新島は亡くなった。

なお八重から庄三郎への書簡も残されている。新島の死後に出されたものだ。「亡夫存命中私共の後々の為めとて金円少々御預り願置候処先日亡夫葬送の費用一時同志社大学より立換相願候分此度返却の場合ニ相成候ニ付方法も相立不申候早々右御預り願置候金円を以て返済いたし候事ニ決し候ニ付甚御手数の段御気の毒ニ御坐候へとも来る九月開校の節までに御戻し被下度奉願植え候先ハ右御願用まて如斯ニ御坐候匆々不一」。

葬儀は、二七日に同志社のチャペルで行われた。四〇〇〇人以上の参列者がいたが、庄三郎からの弔電が届くとともに、甥の土倉愛造と次女政子が参列した。

新島の大学設立運動は頓挫した。同志社大学が設立されるのは、一九一二(明治四五)年のことである。また大学令による正式な大学となるのは一九二〇(大正九)年まで待たなければならなかった。

9 広岡浅子と日本女子大学

土倉庄三郎が娘たちを大阪の梅花《ばいか》女学校に入学させた件は、先に記した。その際、異教徒（庄三郎）から寄付を受けることに反発して学校を辞めた教師が、成瀬仁蔵である。

成瀬は長州藩出身で、先輩である澤山保羅《さわやまぼうろ》に導かれてキリスト教に出会った。そこで神の前の平等の観点から女子教育に目覚めたという。

梅花女学校を辞した後は、

成瀬仁蔵（写真提供：日本女子大学）

奈良の郡山町（現・大和郡山市）や新潟市でキリスト教の伝道活動に従事する。そして新潟第一基督教会を設立した。一八八七（明治二〇）年には、新潟英学校を発展させた新潟女学校の初代校長になっている。その三年後に渡米して、帰国後は梅花女学校の校長に招かれた。ただ彼のアメリカ的な女子教育は校内で激しい反発を受ける。そこで新たな女子高等教育機関の設立を計画した。

一八九六（明治二九）年、『女子教育』と銘打った女子大学の設立趣意書を執筆する。そこには「第一に女子を人として教育すること、第二に女子を婦人として教育すること、第三に女子を国民として教育すること」という女子教育の方針を記している。

この『女子教育』の冊子を持って、まず同郷の内海忠勝《うつみただかつ》大阪府知事を訪ねている。すると「できるだけ広く朝野の有力者の力を借りるよう」アドバイスされた。そこで訪ねたのが庄三郎である。成瀬の伝記によると、この頃キリスト教原理主義から離れ、宇宙の神を想定して一宗一派に囚われない自由な宗教観を得たとある。

庄三郎は『女子教育』を読んで、本物の教育者と見込んだようである。成瀬の回顧によると「それは大賛成である。私の考えはあなたの考えと一致しているから、どうかおやりください。私は発起人になります。またできるだけ力を尽くします」と約束する。

後に日本女子大学校で庄三郎が行った演説にも、この時のことが触れられている。

「成瀬先生が『女子教育』を持って訪問された。それまでの先生の事業、また将来の計画などについて、種々その話をきいてみると、その熱意と苦心との容易ならぬもののあることがわかって、私はまず大に感激したのである。それからその『女子教育』の一書を子細に読んで見ると、その着眼、その抱負、また教育の主義方針など、すべて一々私の望むところに一致しているので、私は実に歓喜に堪えなかった」（現代仮名遣いに改変）

この講演では、庄三郎の教育観、そして女子の教育に対する熱意も感じられる。このような一節もある。「（女子の教育に於て）唯知識を注入することばかり骨を折って、良心を啓発するとか、品性を陶冶するとか、人物というものを養成する点に至っては、概して等閑に附せられていた。そういう有様では、自分の子どもを教育するに不都合なばかりではない。国家将来のために甚だ憂うべきことであると私は考えて居たのである」。

ただ女子のための大学なのだから、自分が中心に支援するのではなく、女性の支援者をつくるべきと考えたようだ。そこで紹介したのが、広岡浅子《ひろおかあさこ》（廣岡淺子）である。

浅子の実家は京都の三井家だ。本人は幼少時から学問に興味があったが、女子であることから教育を受けられず、大坂の商家加島屋《かじまや》当主の次男・広岡信五郎と結婚する。だが明治維新の動乱の中で家業が傾く中、浅子自らが加島屋の立て直しに奔走した。

一八八〇年代には筑豊の炭鉱事業に乗り出し、加島銀行も設立した。やがて保険事業にも進出して大同生命を設立し、明治を代表する実業家になっていく。おそらくその過程で庄三郎との交流もあったのだろう。また、浅子は娘を梅花女学校に入学させていた。

成瀬仁蔵は、浅子の元を訪問した。浅子は成瀬の話を聞いたものの、さほど興味を示したわけではなかったという。この頃、浅子の元には教育事業に関する寄付援助を求める要請が数多く寄せられていた。しかし、いずれも思いつきの域を出ない計画ばかりだった。成瀬の事業もその類と思って聞き流したのだろう。

ところが渡された『女子教育』を筑豊に向かう船の中で読んで驚いた。内容はこれまでの寄付要請と雲泥の差だった。三度も読み返したと伝わる。幼い頃に学問を禁じられた浅子は、『女子教育』に大いに共感し、大学設立運動に邁進していくことになる。

必要な資金は三〇万円と見込まれた。寄付を願って成瀬はもちろん広岡夫婦と庄三郎は東奔西走した。現在は浅子の功績が大きく注目されている。しかし、庄三郎も非常に力を入れていたことが日本女子大学の記録からわかる。庄三郎には、同志社の大学設立が頓挫したことへの悔恨の意があったのかもしれない。

庄三郎は、金銭的にはまず五〇〇〇円の寄付をしている。そして政財界の有力者に協力を呼びかけるなど、強力な援助者となる。成瀬が訪れた主な人物には、大隈重信、板垣退助、山県有朋など明治の元老のほか、近衛公、蜂須賀公、土方公、岩崎家、そして三井家、住友家、鴻池家、と政財界の大物が並ぶ。その多くが庄三郎と浅子の紹介だろう。

庄三郎と浅子の役割でもっとも重要なのは「大学設立が成せなかったときは、二人が責任を負って募金を各出資者に返金する」と保証したことだろう。大学ができなかったら出資した金

日本女子大学校開校式の様子（写真提供：日本女子大学）

が無駄になると躊躇する人にとって、この保証は大きな後押しになった。
「実に此の土倉氏と広岡婦人とが後援者となられた事によって女子大学の最初の礎石は据えられた」（『日本女子大学校四十年史』）
日本女子大学の学長室には、長く庄三郎の肖像が飾られていたという。
なお浅子が大滝村（川上村）の土倉邸を訪れたと『日本女子大学校創立事務所日誌』にある。九六（明治二九）年八月一一日のことだ。「女子大学用ニテ」訪れ一泊して帰阪したとある。庄三郎の妻寿子も、女子大設立運動を熱心に応援していたから、会話も弾んだことだろう。また後に、庄三郎の次男龍次郎と浅子の長女亀子の結婚話が持ち上がっている。当時龍次郎は台湾に渡っていたこともあり縁談は流れたが、両家の関係は深かったことを偲ばせる。

大学の設置場所は、当初は大阪に予定していたが、浅子が実家の三井家から目白台の土地を寄付させたことにより、一九〇一年に日本女子大学校として東京に開校した。本科は家政学部、国文学部、英文学部。それに予科、さらに高等女学校も併せ持つ学校である。翌年、専門学校令の認可を受ける。日本女子大学となるのは新制大学の制度がつくられた一九四八年である。

庄三郎が、梅花女学校、同志社、日本女子大学のほかに、大阪の清水谷《しみずだに》高等女学校、市岡中学校に寄付した記録も出てくる。詳しい内容や経緯はわからないが、ほかにも記録に残らない学校への寄付行為もあったのだろう。女学校が多いことも特徴だ。

すでに自由民権運動は終焉していたが、庄三郎が教育に注いだ熱意は、運動の名残とも言える。政治は、それを支える大衆の意識が高まっていないと結実しない。庄三郎が大学設立や教育機関を支援したのも、大衆の政治意識の醸成に期待したのではないか。また女子教育に力を入れた理由には、現代的な男女同権とかフェミニズムのような発想とは少し違い、国民の半分を占める女子の意識を高めないと、国力は伸びないからという考えを述べている。男女を区別せず日本国民として教育することによって、国そのもののレベルを上げようという思いがあったのだろう。

いずれにしろ社会改造をめざす政治運動と、人づくりの教育は、庄三郎の中で結びついていたのである。

第2章
山の民の明治維新

1
吉野の山々と敗者の系譜

吉野という地名には、美しい響きがある。

土倉庄三郎は、吉野で生まれ吉野で育った。大滝、川上村、奈良県。そして全国各地を歩き活躍したが、その足は吉野から離れることはなかった。土倉家と庄三郎の足跡をその土地からたどっておきたい。

現在、奈良県南部の行政区はすべて吉野郡だが、大きく二つの水系に分かれる。紀伊半島を南行する熊野川（新宮川《しんぐうがわ》）と北山川が流れる熊野川水系と、北部を西進して紀伊水道に注ぐ吉野川（紀の川）の水系だ。本書の舞台となる吉野は、狭義の吉野川流域を指すと思っていただきたい。

吉野川は、全長七〇・一キロメートル。奈良・三重県境の大台山系を源流とし、水量の多さで知られている。源流部は標高一〇〇〇メートル以上の懸崖が連なる複雑な地形をしており、生物多様性も温帯地域では最大レベルだろう。現在の吉野は植えられたサクラとスギ、ヒノキが目立つが、本来は温帯性の広葉樹であるシイやカシ類が多く、高所には亜寒帯性の針葉樹もある。野生動物も多く、ニホンオオカミ最後の捕獲地としても知られる。

もう一つ、吉野を特徴づけるのは、古代から歴史の舞台になってきたことだ。

古くは古事記や日本書紀で、神武天皇（神日本磐余彦尊《かむやまといわれびこのみこと》）の大和征服の物語に登場する。高天ケ原《たかまのはら》を出て大阪湾に上陸したものの生駒山《いこまやま》で地元豪族・長髄彦《ながすねひこ》に破れ、南へ大迂回して熊野に再上陸し、そこから北上して吉野から大和盆地に入り平定に成功する……。この神話には、一度破れた者が熊野や吉野から再起するストーリーが隠されているように思う。中央（権力中枢）を追われた者が、吉野から再興するイメージは、歴史で幾度となく繰り返される。

史実として有名なのは、大海人皇子《おおあまのみこ》だろう。天智《てんじ》天皇の異母弟で、皇位継承者だった。しかし、実子の大友皇子《おおとものみこ》へ禅譲したい兄の意図を察知し、病床の天智天皇に対して皇位継承を辞退する。そして出家を申し出て隠遁した土地が、吉野の離宮だ。天智天皇の崩御後、大友皇子は大海人皇子の暗殺を企てた。それを察知した大海人皇子は伊賀へ逃れ、美濃で挙兵した。壬申《じんしん》の大乱の始まりである。結果は大海人側の連戦連勝で政権奪取に成功し、天武天皇として即位した。吉野からの逆転である。

下って、源義経が兄・頼朝に追われて逃げ込んだのも吉野だった。京を脱した義経一行は、吉野山に潜伏後、奥州をめざした。その際に吉野に広がる山伏のネットワークを利用したという。最後は非業の死となるが、吉野は京や鎌倉の追手から逃れる場だった。

さらに後醍醐《ごだいご》天皇である。鎌倉幕府打倒の元弘《げんこう》の乱（一三三一年）は失敗し、隠岐に流されたが、皇子の護良親王《もりよししんのう》（大塔宮《おおとうのみや》）は熊野の十津川郷に潜伏した後に吉野山で挙兵した。ここでも吉野は重要な役割を果たしている。

その後鎌倉幕府は倒れ建武の新政が始まるも、たった三年で崩壊した。京都を追われた後醍醐天皇は再び吉野に籠もった。それが南朝となり京都の北朝と対立し続ける南北朝時代の幕開けとなる。南北朝は約五〇年続いた後に統一されたが、それで終わらなかった。

南北朝統一では両統が交互に迭立《てつりつ》する約束（明徳の和約）が結ばれたが、北朝は守らなかった。そこで南朝側の天皇だった後亀山《ごかめやま》法皇とその皇子小倉宮《おぐらのみや》は、再び吉野に脱出するのである。それから約六〇年間、南朝は存続した。これを後南朝と呼ぶ。

そして明治維新の先駆けとして知られる天誅組《てんちゅうぐみ》も、五條で挙兵し、敗れると十津川、そして吉野に逃げ込み反転攻勢を狙った。最後は川上郷や東吉野地方で壊滅する。

体制内に権力争いが生じると、反主流派は新たな対抗軸をつくろうとする。そこで担がれた人物が拠点に選ぶのが吉野だと言えなくもない。吉野は、常に敗者の隠れ家であるとともに、再起を図る際のシンボル的な機能を有していたのではないか。

ここで心に留めておきたいのは、南朝を始めとした反体制側が一定の勢力を保てたのは、吉野の山々にそれを支える力があったことだ。最近は、平地の社会に影響を及ぼすほどの経済力を持った山里が、歴史上少なくなかったという研究も出ている。その力の源泉は、容易に侵略できない厳しい地形や自然、その土地で鍛えられた民と信仰、そして山の資源（木材、鉱物など）

などによる経済力があったからだという。

吉野は、京都・奈良・大坂（大阪）など政治経済の中心地に近く、宗教勢力も根を張っていた。吉野山には、最盛期に山上に三六堂、山麓に一二〇もの堂宇があった。山間で修行する修験道も孤立した存在ではなく、全国的なネットワークを築いていた。その中枢が大峰山《おおみねさん》を擁する吉野である。

吉野は秘境どころか、常に中央を背後から狙う存在だったように思える。

2 出自は楠木正成か山賊か

土倉家は、吉野川の上流域を占める川上郷の大滝に居を構えてきた。古くからの名家とされるが、その出自を描ける資料は、あまり多くない。

家伝では、楠木正成《くすのきまさしげ》の三男正儀《まさのり》の子が吉野に入り、そのまま居ついたのが土倉家の先祖だとされている。歌人の川田順《かわだじゅん》は、庄三郎本人に「土倉家は橘《たちばな》姓で、楠木正成の血筋だ」「家伝の史料や系図を東京の大学へ送って研究を依頼している」と聞いたという。父（庄右衛門）の墓碑にも橘正信と記され、庄三郎は一三代目に当たるそうだ。

橘姓は飛鳥時代より続く氏族名だが、多くの分流をつくる。土倉もその一つだろう。土倉は古くは土蔵と記し、庄三郎の父も土蔵姓を名乗っていた。ただ土の字には「、」が打たれて「圡」と記していた。それを明治になって活字の都合で「、」を取り、また「蔵」を倉にしたそうである。つまり土倉になったのは、庄三郎の代からだった。

庄三郎の次男龍次郎の妻りゑによると、家系図は天誅組騒動の際に家に泥棒が入り盗まれたと聞いたそうだ。二万円で買い戻せと要求されたが、おじいさん（庄右衛門）は、自分の家系図に金を払う必要はないと断った……と庄三郎が語ったという。

土倉家に関するもっとも古い記録は、一三八四（至徳元）年に「大和武士交名禄」に登場する土蔵殿という記述だ。「土蔵」は「どぞう」と読み、金融業者を示す職業名だった。蔵は担保品などをしまっておく倉庫を指す。室町幕府は「土蔵役」という営業税を取り立てて主要な財源としていた。

また土倉家の場合は「どぐら」と読むが、「どくら」「とくら」「つちくら」と読む姓もある。役職を名字とした一族が各地に散らばったのだろうか。

「土蔵殿」が登場した時代、南朝と北朝が京の都を奪い合っていた。楠木正成は後醍醐帝を支えたが、その子孫は、時によってどちらの王朝にも与《くみ》している。楠木正儀も幾度か立場を変えていた。彼が南朝についた時期に、その子が吉野に入った（あるいは吉野で子をもうけた）可能性はある。また南朝内では橘氏として公卿《くぎょう》に就いている。ただ正儀には四人の息子と養子がいたが、いずれも吉野に土着した記録は知られていない。名を残さぬ庶子がいたのかもしれない。

庄三郎は、血筋を必ずしも誇っていたわけではなさそうだ。ある講演では、自らの祖先を語る中で、「悪く言えば賊、褒めても落ち武者」だろうと言っている。またある夜、料亭で開かれた集まりは資産家揃いだったが、みな競うように祖先の血統を自慢し合った。ところが庄三郎は「我が家の祖先は六〇〇年ほど遡れるが、ただの山賊にすぎないでしょうな」と口にしてみんな驚倒した（『明治富豪譚』菊池幽芳編）。自慢話を嫌った反骨精神を感じる。

吉野の土倉（土蔵）家がはっきりと記録に現れるのは、大滝の龍泉寺の過去帳である。一六三一年に死去した土蔵平右衛門（法名は道樹信士）という名に「土蔵家中興の人」という文字が添えられている。中興と言うからには、それ以前より土蔵家は大滝に根づいていたのだろう。後南朝時代に皇子を守った郷民の中に土倉家も入っている。つまり一五世紀の中頃にはこの地に住んでいたと推察できる。

平右衛門の次が、平兵衛。キリの木の好きな人だったと伝わり、法名は「桐安休葉信士」。大滝には、かつて「土蔵の桐畑」と呼ばれる一角があったそうだ。余談ながら、吉野地方には比較的キリが多く生えていたそうで、明治時代の奈良県ではキリ材を使った下駄づくりが産業になったこともある。

平兵衛が三代続き、その後は四郎兵衛、重右衛門、庄右衛門と代を重ねる。初代庄右衛門は、庄三郎の曽祖父に当たり、祖父、父ともに庄右衛門を名乗る。

ただ、血筋は直系ばかりではない。初代庄右衛門は太刀《たち》家からの養子である。太刀家は同じ大滝にあり、戦前は土倉屋敷のすぐ裏に屋敷を構える土倉家以上の古い名家だったという。元は館《たち》と記しており、大滝の八軒衆と呼ばれた家々を束ねていた。

太刀という姓は、源義経に由来する。一一八五年、頼朝に追われた義経は、吉野山から山伝いに大滝に入り、館家に潜伏した。その後、大滝から吉野川を下って宇陀《うだ》に入り、そこから伊勢を抜けて奥州をめざした。義経は愛刀を御礼として残したので、その後は館を太刀と字を改めたという。出発の際、大滝にある断崖絶壁に生えていたマツの木に鎧を掛けたことが、現在の「鎧掛け岩」の名につながったという伝承もある。なお館姓は三重県に多い。

次男龍次郎の嫁りゑは「太刀家に伝わる義経の愛刀は、何代か前の主人が酒代に売ってしまった。庄三郎がそれを聞いて買い戻そうとしたが、すでに売れてしまっていた」という話も聞いている。その刀は、どこかの博物館にあると聞かされたそうだ。

初代庄右衛門には男子が三人いるが、次男徳右衛門に太刀家を継がせていた。ところが長男彦兵衛は若死にした。そのため土倉家は、三男友吉が継いで二代目庄右衛門となる。

二代目は、太刀家から養子を迎えた。それが三代目庄右衛門、つまり庄三郎の父だ。土倉家と太刀家は、同血筋なのだ。三代目は山林経営に非常に熱心であるとともに、質素厳格な人柄が伝えられている。川上村に庄右衛門の木像が残されているが、中肉中背で端正な顔だちである。庄三郎と似ているように感じた。

『評伝』は、村の祭りが終わっても庄右衛門が立ち去らない限り、村人は一人も去らなかったとか、庄右衛門が往来を通ると子どもが泣き止んだといったエピソードを伝える。また川上郷を出る際は丁稚《でっち》に荷を担がせたが、人目がなくなり登りの厳しい五社峠に差しかかると必ず荷物を自分で持ったという。丁稚を勤めるのは一〇歳前後の子どもだから、登りに重い荷を持たせるのは心苦しかったのだろう。

また『家憲正鑑』には、土倉家には慈善徳行が祖先伝来の遺訓となっていて、庄右衛門は「郷里に飢えた者がいては一村の恥辱なり」と、常に貧民救済を旨としていたとある。贅沢を戒め、自らは綿の服を着て働いていた。そして庄三郎も、明治一七年、一八年の頃、金一万円を投じて窮民を救った、二三年、二四年には、貧困者を集めて各々金一円と白米一斗五升ずつ給した、盗賊に金銭を与えて改悛を誓わせた……などの記載がある。

土倉家の気風として語られる言葉に「陰徳を積む」という言葉がよく出てくる。善行を行っても、それを隠すことをよしとしたのである。だから誰かを助けた、どこかに寄付した、といったことの記録が極めて少ない。そのために土倉家ひいては庄三郎の業績を確認するのに難儀して、私を困らせているのだが……。

ところで、土倉家はいつから大山主になったのだろうか。

土倉家文書の山林売買証文を分析した谷彌兵衛によると、取引は文化、文政、天保、弘化、嘉永年間が多い。とくに文化年間（一八〇四～一八）に八〇余件の新規譲渡がある。この時代の当主は三代目庄右衛門だから、庄三郎の父の代に大きく成長したのだろう。

ただ吉野では、土地ではなく植林した山を自分の山とした。また山林の売買も多かった。苗を植えてから収穫できるまで何代か所有者は代わる。最後は資本力のある者へ山林は集まった。おそらく土倉家も、そうした過程を経て大山主へと発展したのだろう。

庄三郎自身は、一八九〇年前後に行った講演で土倉家は「二一〇余年前からの林業家である」と口にしている。となると、一六〇〇年代中頃に林業を始めた計算になる。

なお三代目庄右衛門は、一時期、山林の大部分を失った疑いがある。一度財産を失ったものの「飛脚からやり直して再び大山主になった」という話が土倉家に伝わるのだ。飛脚とは、運送業のような仕事を意味するのだろうか。これが正しければ、土倉家の山林も時代とともに移り変わっていたことになる。

なお山林を財産として見ると、面積だけでなく木材の質も重要である。土倉家の山には材質のよい樹木が育っていたから、資産として大きくなった。一八八七年の年収が約一一万円と言われ、当時の三井家と並んでいた。

なお太刀家はいつしか川上郷から姿を消している。

3 頭角現した宇兵衛事件

庄三郎が生まれたのは、一八四〇（天保一一）年四月一〇日。幼名は丈之助で、三人兄弟の長男だった。

母は京《みやこ》。桜井の植田家から嫁いだ。非常に背の高い女性だったと伝わる。

庄三郎は、自分の幼少時に関して「（数え年）七歳で人知《ひとぢ》の上村勇造師の邸に寄宿しながら読書や手習い、算盤を学び、一四歳になると（今の）大淀町益口の是助師に諸礼、謡曲、生け花などを習得した」と語っている。人知とは大滝より七、八キロ上流の集落である。年齢は数えだから満六歳で親元を離れて勉強したのだろう。庄三郎も、自分の息子娘を幼い時から大阪や京都の学校に寄宿させているが、この経験があるからかもしれない。

庄三郎は、一五歳で大滝へもどった。いよいよ父の元で山林経営の修業が始まる。だが、そこに宇兵衛事件と呼ばれる騒動が起きる。

当時の吉野川流域の林業界は、吉野郷材木方という材木商人の組合組織を設けていた。吉野から筏で丸太を吉野川（紀ノ川）に流すためには、紀州藩との交渉が欠かせなかった。その対応を材木方が担っていたのである。また口銭という税金の徴収も担当していた。木の伐り出しから流送まで細かなルールが設けられていたのだ。

材木方の総代は、常にもっとも多くの木材を流す川上郷から出ていた。総代は利益の配分などを左右するから、この役職を握ることは材木業者にとって重要だった。

『土倉庄三郎――病臥、弔慰、略歴』（佐藤藤太著）という庄三郎没直後にまとめられた冊子がある。これは満中陰《まんちゅういん》（命日から四九日目の忌明けの日を示す仏教用語。主に関西で使われる）で関係者に香典のお返しに配られたもののようだ。亡くなるまでの病状や葬儀の列席者、弔意電報などとともに、庄三郎の生前の歩みと事績が記載されてある。

そこで目を引くのは、一八五六（安政三）年の「宇兵衛事件」である。西奥郷黒渕の宇兵衛が五條の代官所と結託し、出張所のある飯貝の勢威を借りて総代になろうとした。この人物を危ぶむ者が多く、組合を乱すことを恐れ、川上郷は会合を開き、五條代官に異議を申し立てた。しかし受け入れられず、宇兵衛任命の内示が出る。そのため川上郷や他の郷の代表二百数十人が五條代官所と対峙し、なかには竹槍を持ち出す者もいた。公儀（幕府）に直訴すべしという声まで上がった。しかし、そうすると幾人かの人命を失うことになる。そこに、前年大滝郷の総代に就いた庄三郎（当時・丈之助）が、この件を自らに一任してくれるよう申し出た……と記されている。

事件の真相はわからない。西奥郷の黒渕は、現在の五條市西吉野町辺りで、川上郷より下流の支流にある。川上郷と西奥郷それぞれの利権が絡んだ事件だったと想像できる。

この冊子によると、庄三郎は一名の介添えとともに五條代官所へ秘密運動を試み、宇兵衛問題をもみ消した、とある。秘密運動とは何か。代官の汚職の事実を暴いたという推測もあるが、当時の庄三郎は一六歳。そこまで大胆な行動をとれたのか、汚職などの証拠をつかめたのか、疑問だ。

想像してみるに、表立って動いたのは庄三郎だが、彼を動かしたのは父ではないか、という見立てである。隠居したとはいえ、庄右衛門は吉野の林業界に大きな影響力を残していた。引退後に地域の「大行司」などの重役に就いた記録もあり、存在感を示していた。彼が事態の収拾に乗り出して、息子を指図したというなら納得しやすい。いずれにしろ川上郷の動きによって、宇兵衛の任官を取り消させたのは間違いないだろう。

宇兵衛は、天保〜弘化年間に起きた黒滝郷と西奥・川上郷の争い（筏流しを巡る差し止め訴訟）に仲裁人として名を留めている。それなりの実力者だったようである。

ただ宇兵衛事件を機に、川上郷では庄三郎の実力が認知されることになる。庄右衛門も庄三郎に家業を任せるようになった。庄三郎は家政と公務の両面にわたって担当し、大滝で頭角を表したのである。

4 若き日の林業修業

庄三郎二八歳のときに、明治維新を迎えた。

後年の庄三郎の林業に関する高い見識を知ると、若い頃から林業に従事して知見を身につけてきたことが想像できる。庄三郎自身も、年少の頃から父に伴われて山に入り、厳格に仕込まれたと語っているが、広島の林業講演会で次のような経験を披露した。

二〇歳くらいのとき、私が自分で山を買う際に、地味の豊かな甲と、痩せた乙があった。訳あって購入できたのは乙である。甲の方には、一坪に一二本のスギ苗を植えている。私が父に乙の土地にスギの苗を何本植えたらよろしいでございましょうかと尋ねたら、父は「一坪に二本植えろ」と言われた。私は、少し少なすぎると申し上げたが、親父は私のいうとおりにせよというものだから、わかりましたと言って引いたが、どうも得心ができなかった。そこで今度は山の支配人の所に行って尋ねたところ、「親父様は経験あるのだから、そのとおりにしなければ叱られます」

という。そして、一切を私が支配して植えろというので、自分で苗畑に行き、三〇〇という苗をひいて、肩が切れるようなそれを辛抱して担ぎ植えに行った。ところが、一坪二本のつもりだったが、二本一分二厘の割合になってしまった。すると支配人が「親父様の言うとおりにしなければ叱られますから、そのようなことをしてはなりません」という。

そうして植えた山だが、三年たっても五年たっても山は一向に寂しくてならない。一坪一二本植えられた隣の山は、木が張り塞いで、一面山が青く見える。そして七年目には間伐をしてきれいな丸太がたくさんでき、一二年目までに三、四回間伐をしている。山に入ると、枝は上になり、立派な木になっていた。ところが私の山は、一向に見苦しい。そこで家に帰って、父に「あまり疎に植えたのでは利益が出ないようでございます」と尋ねた。今は一文にもなりません、やはり山は利益を出すために植えるのですから、密に植えた方がよいのではございませんか、と言った。しかし父は「当たり前だ。経済的に考えてよろしい方を取らなくてはならない。そのくらいわからぬ馬鹿があるものか」と叱られたのである。しかし、こちらは実地を見てきて言っている、父はうちにいて言っている。

支配人に聞いても「親父様の言うとおりでございます、植林家のご子息で一五、六歳から従事していて、それもわからないのですか。密に植えたものは、後年萎縮するから、この山には後年になったら、こちらの山の方がよろしくなるのです」と言う。三五、六年目まで待てばわかると言われた。果たしてその頃になると、生長のよかった隣の木が細いままで、自分の植えたところの方が太くなっていた。代金を見積ると、太くて長いから隣の山の木が一〇円に対し、二〇円のわりになっている。

吉野林業は密植を特徴とするが、単に多く植えればよいわけではない、土質を考えて本数を決めるべきだと示すエピソードなのだが、父から造林法を厳しく学んだことが伝わってくる。同時に庄三郎自身が苗を担いで植えている。また疑問をそのままにせず、父に食いついた様子が浮かぶ。

また若い頃、大雪が降って雪の重みでスギが倒れた（曲がった）ときには、雪を落とすため木を揺すりに行ったが、なかなか苦しい作業だった、と語っている。ほかにも川に流した丸太を組んで筏をつくるなど重労働にも就いていた。大山主の御曹司だからといって安穏としていたわけではなかった。

昭和四〇年代に川上村の岩井倉次郎から聞き取りした記録がある。彼は当時九四歳だったが、青年時代を振り返ってもらったのだ。そこに庄三郎とおぼしき人物が登場する。樽丸《たるまる》（樽や桶の材料）をつくっているところに遊びに来ていた七〇歳か八〇歳の老人と話したというのだが、年格好や話の内容が庄三郎と符合する。

「男は嫁さんをもろて所帯して行かんならんが、所帯して行こうと思うたら畑へ、芋やサツマイモを植え、味噌ぎょうさん作り、主に雑炊炊いてたべなはれ、米二合にサツマイモ入れると米三合助かる。イモが一等の得、カセギ人はそれが一等や」

官林から材木を出すとき、菰《こも》かぶりの酒樽に腰を掛けてイモの皮を向いていたともいう。その話から岩井は「小さい時雑炊炊いて食べ取ったが一代で儲けた人があると誰かに聞いた」という。すると「それはわしのことや」と言われたという。そこから大金持ちになったというのだ。(『大滝ダム関係地民俗資料緊急調査報告書』昭和四五年三月発行)

当時の土倉家も相当な資産家であるはずだが、そこからさらに大金持ちになったということだろうか。ただ若い頃は雑炊を食べて山仕事に精を出していた。それは雇用する村人と同じ待遇だったことを意味する。父庄右衛門の教育方針だったのだろうか。

一八六五(慶応元)年に母・京を亡くし、翌年二六歳で和田寿子と結婚した。

妻となった寿子は、賢夫人として名高い。寿子は下市町《しもいちちょう》の出身で吉野山の大峰山修験者が泊まる山上の旅籠屋《はたごや》の看板娘だった。父は和田清兵衛。当時二一歳だった。

きっかけは、庄三郎がたまたまこの宿に泊まって寿子を見初め、人を介して申し込んだと伝えられる。土倉家の御曹司へ嫁ぐことは、まさに玉の輿だっただろう。

寿子夫人は、広岡浅子とも親しく交わり、社会事業にも熱心だった。日本女子大学校の設立や、同志社、梅花、清水谷などの女学校に庄三郎が援助する陰で実質的に学校に関わったのは夫人だった。一方で派手な事業を好んだ夫の手綱を引き締めていたエピソードもある。庄三郎も、夫人の意見を取り入れていたらしい。

庄三郎と寿子が洋装した写真が残っている。明治二〇年頃に大阪の写真館「独立軒」で撮影したものだ。寿子は四〇歳を過ぎた頃だがふっくらした顔だちで、庄三郎も彫りが深く優しげである。

ただ大正二（一九一三）年発行の大阪新報によると、先に庄三郎は、紀州の富豪の娘を妻として迎えたと記されている。そして二人の子までもうけたが、子も妻も早く亡くなったという。つまり寿子は、後妻だというのだ。

また明治四〇（一九〇七）年発行の『人物画伝』に載る「大和の土豪土倉庄三郎君」には、「珍しい子福長者で、先妻には十二人あつたが皆亡くなり、今の妻君に、男七人女五人と云ふ大勢の子がある」と記されている。ここにも先妻の記述がある。どちらも庄三郎存命中に発行された新聞や書物だけに、先妻がいた可能性は否定しきれない。ただし「十二人」というのは一、二人の誤記ではないか。「今の妻君に、男七人」も六人の間違いである。

奈良の在野の知識人である高瀬道常は、幕末の嘉永五（一八五二）年から明治二四（一八九一）年まで詳細な日記を残すが、明治一四（一八八一）年の日記に土倉家について記している。

「遊歴人之外一芸ある人ヲ何人何日ニ而も留置、乳母も六人おり、棟数百間広しといへとも、子供の遊場弐十畳之場所ヲ設ケあり、近年庭作四五人大坂より参り居、凡一ヶ年ニ出来上り候よし、凡年ニ五六千円の暮らしかと見るといふ」

結婚後、庄三郎には立て続けに子どもが生まれている。一八八一年の頃なら息子五人娘四人がいたはずだ。乳母が六人というのは、それぞれにつけたのだろうか。また一芸ある人というのは、旅の芸能関係者だろうが、長く逗留させて自宅で演芸を披露の場を与え、子どもたちを喜ばせたのかもしれない。

5 明治維新の税金撤廃運動

時代は動いていた。一八五三（嘉永六）年のペリー浦賀来航に始まり、開国、安政の大獄、桜田門外の変、長州出兵、薩英戦争や下関戦争など欧米列強との激突も続いた。尊皇・佐幕の対立が高まり、新撰組が京の町を疾走した。まさに幕末の動乱到来である。

六三（文久三）年には、五條の代官所を襲う天誅組の変が起きる。明治維新の先駆けとの評価もある騒動だが、その直後京都に政変が起きて攘夷派が失脚したことから天誅組は賊軍となった。十津川郷で兵を集め奈良中部の要衝・高取城《たかとりじょう》を攻めたものの、敗走して解散している。そして残党が吉野に逃げ込んだ。川上郷には天誅組と幕府の討伐軍の両方から動員の命が出ていた。しかし、当時の土倉家、そして庄三郎の様子を伝えるものはない。

かろうじて天誅組が襲った五條代官所を再建するよう幕府からの命令が出た際に、不足分を上市の北村氏、大滝村の土倉氏、五條村御掛所の久藤、銭左などから徴収した記録がある程度だ。ちなみに再建には和州五郡四〇五村が反対したといい、京都守護職に元代官支配中の失政をなじり、代官所支配を止められたいと要求している。幕府の命に公然と異議を唱えたのだ。幕藩体制が揺らいでいたことを感じさせる。

庄三郎は、こうした世相に触れていたのは間違いない。佐藤藤太の『土倉庄三郎』には、「稟性闊達なる者、此気運に際会せることなれば、雄心勃々壮図胸に溢るるの概ありしなるべく、殊に其識見は自由に翼を伸ばせしものの如し。」「維新的稟賦の男が維新の大気勢に乗ず、一生其物亦好箇の一維新となれり。」（旧字は改めた）と記されている。

庄三郎は、その気性からして、時代のうねりに心を高ぶらせたに違いない。しかし、目立って動くことはなかった。庄三郎の行動を諌めたのは、庄右衛門かもしれない。

ただ維新前後に、庄三郎は、地味だが大きな仕事を行っている。税金問題である。

吉野川流域の林業地帯は、中世以降、租税などの免税地だった。「貧しい山村」であり、「米を生産していない」ことから年貢を取れる土地ではないと見なされていたのだろう。ところが豊臣秀吉の検地では、木材に目をつけ、流送される木材を五條の代官が量を調べて課税することになった。それは徳川時代にも引き継がれる。税金は、定額制で口役銀《くちやくぎん》と呼ばれた。免税特権はなくなったのだ。

一六〇四（慶長九）年には川上郷と黒滝郷を検地した大久保石見守《いわみのかみ》によって、制度に手を加えられた。木材価格一〇〇両につき銀五貫四四〇匁《もんめ》を上納し、うち余銀（剰余金）を地元への助成として下賜することになった。つまり税金が還付される。これは画期的なシステムだ。

この余銀は、かなりの額になった。その後筏《いかだ》流送が増えてくると、筏の上に雑木や角材、樽材などの加工品を載せて運搬するようになり、また利益を生んだ。

ところが江戸初期に五條の飯貝だけでなく、紀州藩の岩出口にも見取所が設けられ、ここでも筏を検分して価格の一〇分の一の口銀（藩の税金）を取り立てるようになった。定率制の重税である。木材商にとっては、二重の課税となる。余銀もなかった。ちなみに一八六九（明治二）年の記録で、この口銀総額は一万三〇〇〇両に達している。

明治に入ると、紀州の口銀の廃止を求める声が強まった。

まず材木方総代の川上郷武木《たきぎ》村の四郎助、吉右衛門の両人が、奈良府（この時期、奈良は幾度か府になっていた）に廃止を訴え出た。奈良府も吉右衛門と塩谷村九郎右衛門を同席させて和歌山藩（版籍奉還後の名称）と交渉を始め、国の民部省に嘆願書を提出する。その結果、廃止が決まった。

それに対して和歌山側が不服を申し立て、この年だけ課税許可を取り付けた。ところが翌七〇年になると、民部省が課税続行を認め、あっさり反故にされてしまった。

そこで再び撤廃運動が起こされるのだが、ここに庄三郎の名も登場する。七〇年に四郎助と材木方総代兼総取締役として庄三郎、そして産物材総取締役の北村又左衛門と永田藤兵衛の四人の名で奈良府に追願する。

二月一二日、庄三郎と四郎助の二人は、奈良府参事に面会した。さらに庄三郎の弟平三郎も加えて五條役所に出頭し、和歌山藩と交渉した。だが決裂。そこで東京へ直接陳情することになった。しかし寄合で紛糾し、代表派遣を取りやめる意見も出たという。

庄三郎自身は、自ら東京へ赴く覚悟だったようだ。ところが、動けなかった。その理由は明確になっていないが、父が病に臥せっていたからともいう。そのため四郎助一人だけを送ることになった。しかし四郎助の養父が反対する。庄三郎が掛け合い、親族会議が開かれるが、そこで七〇歳を超えた親族の一人が大いに積極論をぶったおかげで、ようやく上京が認められた。

三月八日、四郎助は土倉宅に一泊した。翌日上市の北村宅へ立ち寄り、奈良府庁の榎本早水と落ち合って大阪から海路で東京に向かった。海が非常に荒れて、一時は生命の危険さえ感じたという。ちなみに、四郎助は名字帯刀を許され、伊東四郎助となった。

庄三郎が四郎助に送った書簡には、郡中にはいまだ嘆願に反対する者もいるが心配ご無用、と記されている。おそらく庄三郎は、地元の反対意見を抑えるとともに、上京費用などを負担したのだろう。

だが東京では、嘆願書を却下された。そこで再度の嘆願と元奈良奉行だった小俣伊勢守、戸田大和守らを訪問して働きかけを依頼した。おかげで、ようやく官僚が吉野を訪れて検分を行う通告がされた。

実際に役人が吉野に足を運んだときは、四郎助と庄三郎が案内した。庄三郎は、詳細な事情を書類にして提出している。それでも何ら動きはなかった。

ところが、その翌年に廃藩置県が実施され和歌山藩が消滅した。それに合わせて、口銀は全廃になった。とにもかくにも口銀問題は解消したのである。

ここで注目すべきは、岩出口の口銀全額を廃止するのではなく、半額だけ村で徴収して河川や搬出路の改修および撫育費《ぶいくひ》(樹木を育てる費用)に充当するよう決めた点だ。地元へ還元し、社会資本充実に役立てるシステムにしたのだ。これは庄三郎の提案だったと伝わるが、木材売上高の五%を引き続き徴収して、その三分の一は小学校費に、三分の一は道路修理費に、残り三分の一を困窮民の救済に充てることとした。

後の地租改正時には、金納へと転換され、開産金という名に変えて徴収された。一八九二(明治二五)年に町村制度が生まれると、開産金は木材輸出特別税となった。この税は九四年に廃止されたが、川上村だけは川上村特別税として存続させた。村の財政を支える税収としたのである。これが撤廃されるのは太平洋戦争が終わってからである。

明治維新前後の庄三郎は、父の元で林業を学び、一方で口銀問題などを通じて政治への関心を高めていった時期だったのだろう。

6 二人いた「庄三郎」

庄三郎は、三兄弟である。庄三郎が長男で、次男・平三郎、三男・喜三郎。自由民権運動では土倉三兄弟として名を馳せた。

ここで素朴な疑問として、なぜ長男なのに「三郎」と名づけたのか、兄弟そろって三郎なのか、と思ってしまう。父の庄右衛門の名を継がなかった点も疑問としてある。

先に記したとおり、土倉家の先祖は平右衛門から始まり、平兵衛が三代続き、以降は四郎兵衛、重右衛門、庄右衛門となる。庄右衛門も三代続き、庄三郎の父は三代目庄右衛門である。しかし庄右衛門の名を継承しなかったのだ。

私は、龍泉寺に付随する墓地で、土倉家の墓を丹念にチェックしてみた。墓地の何分の一かが土倉家のもので占められ、代々の土倉家の係累の墓が並んでいる。戦前まで墓は家単位ではなく個人ごとに墓石を設ける習慣だったから、数も多くなる。ただ子孫の中には村から離れた人も多く、分骨したか、記念碑的に建てたものもあるようだ。近年のものも多いが、古くて墓碑が非常に読みにくいものも少なくない。

そのうち不思議なことに気づいた。墓石の中に、俗名「庄三郎」と記す墓石が二つあるのだ。一つは没年が大正六年だから、間違いなく庄三郎のもの。ところが、もう片方の没年は明治三年九月二五日だった。これは父庄右衛門の命日である。つまり父も墓石は「庄三郎」名なのだ。なぜ、このような表記になったのか。

三代目庄右衛門は、亡くなる直前か亡くなってから庄三郎に改名したことになる。

そこで浮かび上がるのが、一八六八（明治元）年に名字に国名などを使うことを禁じる行政官布告が出された事実だ。国名とは越後守、駿河守のたぐいを指し、国守を連想するから禁じたのである。新政府が旧幕藩体制の官、諸侯、社寺など中間支配層も排除しようとしたためらしい（『日本婚姻法史論』）。二年後には、太政官布告第八四五によって国名に加えて旧官名を通称に用いることも禁止する旨、通告が出された。

旧官名から派生した名前となると、具体的には「衛門、兵衛、大夫」などのつく名が対象となる。これらは過去に地方豪族に与えられた位階から生まれた名前で、たとえば右衛門、左衛門、与兵衛、弥次兵衛、太郎大夫……といった当時ごく普通にあった名前が並ぶ。

これでは大多数の人間が改名を迫られる。さすがに無理と、布告後十余日にして取り消された。また布告にも、命名済みの人には「改名に及ばず」とあった。だが当時は、通達手段が限られている。一度出したものを取り消すには時間がかかっただろう。

そのため布告を受け取った関係者はあわてて改名したかもしれない。とくに山間部では中央の意向がつかみづらい。おそらく吉野にも、その通達が届いてしまった。庄右衛門の名を継いでいた父も、庄三郎にしたのではなかろうか。

ただ太政官布告が出たのは、一八七〇（明治三）年一一月一九日だから、庄右衛門の死後だ。庄右衛門の墓石をつくる際に、政府を恐れて改名したのかもしれない。

庄三郎も幼名丈之助から元服時に継いだ名は庄右衛門で、この時期に改名した可能性もある。なお「三郎」という名も、必ずしも三男を意味するものではない。歴史上の人物には長男なのに次郎、三郎、ときに四郎……といった名がついている事例が多くある。

庄三郎は、一五歳で家督を継いだ。父の晩年は病気がちだったというが、住まいを平三郎の家に移した。新宅と呼んでいたが、本家の土倉屋敷の裏手にあったらしい。裏と言っても斜面なので、むしろ高台になる。父と庄三郎の折り合いが悪かったわけではなかろうが、家督を譲った長男と一緒に住まない方がよいと判断したのかもしれない。

平三郎もある程度の山林を分けられた模様で、林業を営んでいた。後年になるが、川上村の初代村長に就任している。上谷《こうだに》に残る文書には、九三（明治二六）年五月二五日の日付で奈良県吉野郡川上村共有地買渡人村長の名で土倉平三郎の署名がある。後に庄三郎も村長を引き受けるのだが、最初は弟に譲ったのだろう。

川上郷は、吉野川の下流から上流に向けて東川《うのがわ》村・西河村・大滝村・寺尾村・北塩谷《きたしおだに》村・迫《さこ》村・高原村・人知村・白屋《しらや》村・井戸村・武木村・下多古《しもたこ》村・上多古《こうだこ》村・神之谷《こうのたに》村・柏木村・北和田村・中奥村・上谷村・大迫村・伯母谷《おばたに》村・入之波《しおのは》村・白川渡《しらかわと》村・碇村と多くの集落の集合体だった。八八（明治二一）年に市町村制が定まり、翌年四月一日の町村制の施行の際に合併して川上村となる。

合併は県の意向であったが、村域が広くてお互いの行き来も不自由なだけに、合併反対の声も強かった。一度はまとまっても、幾度も分村の声が持ち上がったそうである。改めて二つの村にする、いや三つだ、四つだと意見は錯綜していた。木材収入と直結する開産金の分配などの問題もあったらしい。

庄三郎はこの時期道づくりの測量委員として名を残すが、その工事の遅れも不満の元になって、分村の意見が出ている。庄三郎が東熊野街道の開通（後述）に心血を注いだ背景には、そうした事情も隠れていたのかもしれない。

三男喜三郎は、自由民権運動における演説が巧みだったと伝わる。桜井徳太郎らとともに大和を代表する五人の演説家に選ばれるほどだ。同志社大学の設立募金日誌に卒業式後の謝恩会にも招待客として庄三郎と並んで名を残す。「同志社賛成家ナルヲ以て招ク」とあるところを見ると、大学設立運動にも協力していたのだろう。

後に桜井の木材商植田家の婿養子となった。この家は、庄三郎兄弟の母の実家である。そして篤ノスケ（スケの漢字は不明）と改名している。植田家が代々継ぐ諱《いみな》には「篤」の字が使われていたからと思われる。そして篤太郎という子をもうけている。しかしこの息子は比較的早世した模様で、後に庄三郎の息子五郎を篤ノスケの養子に入れている。この辺りの事情は、詳しく伝えられておらずわからない点が多い。

さて庄三郎の子どもは、六男五女だった。長男は鶴松。太郎とも呼ばれた。次男は龍治郎。これは戸籍名で本人の署名には龍次郎と記されているので、本稿では龍次郎とする。ほかに辰次郎などの表記もある。三男が亀三郎。後に紀州の林業家瀧野家へ婿養子に入った。ここまで鶴、龍、亀と縁起を担いだ命名だが、四男以降は、四郎、五郎、六郎とあっさりしている。娘は、長女は富。通常は富子と記される。次女は政、もしくは政子。三女と四女は双子で、糸と小糸。五女が末子（もしくは末）である。漢字表記はばらつきがあるし、子を付けたり外したり、どちらが戸籍上の名前か判然としない点も多い。

7　土倉家の力の源泉

「土倉さんの植えた木は、チェンソーのバーを入れたら違いがわかるな」

川上村で林業を営む林業家に土倉庄三郎の話を向けると、そんな声が返ってきた。

切れ味が違うのだそうだ。刃がすっと入り、スムーズに動く。年輪幅が等間隔で、節もないからだろう。しかも幹が正円で真っ直ぐ伸びているから重心も読みやすい。抜群に素性《すじょう》がよいという。樹齢一二〇年を超える大樹に彼の育林技術が刻まれている。もともと吉野のスギやヒノキは、緻密な手入れを施すことから、その材質のよさが売り物だ。しかし、その中でも庄三郎の育てた木は別格なのだという。

巨額の金を動かすいくつものプロジェクトを担ってきた庄三郎を支えたのは、吉野の山々が生み出す富である。そこで吉野林業と、土倉家の家業を見ておきたい。

一般に知られている吉野林業の特徴は、密植・多間伐・長伐期による大径木生産である。苗はヘクタール当たり八〇〇〇本から一万本を植える。ほぼ一メートル間隔だ。三〇センチくらいの丈しかない苗は、生長して枝葉を横に伸ばすと隣の苗と接する。すると光を奪い合うため幹をまっすぐ上に伸ばす。しかも太りにくいから年輪は密になった。そのうえ、根元と梢部分の太さがあまり変わらなくなる。丸太として質がよくなるのだ。

しかし密のままでは共倒れしかねないから、間伐を進めて本数を減らす。ただ、いきなり苗間を広く開くと光が照りつけて枯れたり、風が抜けて倒木の恐れが増える。そこで弱度の間伐を十数回繰り返して、八〇〜一〇〇年後にヘクタール当たり一〇〇〜一五〇本にする。また必要に応じて枝打ちもする。そうして育った木の幹は、年輪が密で真円状、無節、そのうえ芯の材質が赤くなり美しい銘木を生み出した。

土倉庄三郎が植えた木の残る山（筆者撮影）

重要なのは間伐材の扱いだ。間伐を生長の悪い木を伐り捨てる行為とするのは、戦後の林政が広げた誤った認識だ。本来の間伐は、木の太さに合わせて商品化するものであった。せっかく育てた木々を無駄にはしない。吉野は、間伐材の商品化に秀でていた。

直径数センチの丸太は銭丸太と呼ばれる細い棒状の商品となった。直径が硬貨ぐらいだからである。細いなりに内装などの素材として使い手があった。その後も間伐した木の太さに合わせて杭、稲の干し台、建築現場の足場、そして磨き丸太……と商品化した。

磨き丸太は、二〇年生前後の間伐材の高級化に成功した商品だ。江戸時代初期に京都で茶室用の内装材として生まれ、やがて吉野でも生産が始まる。明治時代は数寄屋建築が発達し、床の間の床柱として重宝された。そのほか梁《はり》、壁板や天井板など多岐にわたる商品が生まれた。

そして大径木に育った木は、薄い板にされ樽や桶の素材（樽丸）に利用された。吉野材は年輪が密だから水漏れしにくく、評判を呼んだ。江戸時代初期に摂津の伊丹や池田で始まった酒づくりは、やがて京都の伏見、兵庫の灘で大規模に行われ、樽や桶はその生産と流通に欠かせないものとなる。だから樽丸は吉野の重要産品だった。

さらに樽丸や建築材へ加工する過程で出る端材《はざい》も商品化した。長さを揃えるため切り落とした短尺の丸太をタンコロ、丸太を角材や板にすると出る周囲の弓形の材をコワとか背板と呼ぶ。そこから幾多の商品が開発された。有名なのは割り箸だが、正月の餅飾りを乗せる三方《さんぼう》（三宝）や薄い紙のような経木《きょうぎ》、そして菓子箱、蒲鉾板など端材から優れた木工品が誕生した。育てた木はすべて無駄にしない……これこそが吉野林業の神髄である。

土倉家は、自分の山から木を伐り出して販売しただけではなかった。小規模林家の出荷を取りまとめる役割も担っていたようだ。一九世紀以降は金融業も行っていた形跡がある。林業は、最初に植林などに多大の投資が必要で、植えた木々が金になるまでには長期間かかる。そこで零細な木材商人や林家などに当座の金繰りを支える役割が必要となる。奈良盆地の豪農(農業だけでなく、商業や醸造業なども含む)が山に投資することが多かった。土倉家は、山村在住でその役を担ったと思われる。

もっとも、残された証文類には、利息が記入されていなかったり、無利息と記されているものもある。あまり貸し付けで利益を得ていたわけではなかったようだ。担保には通常木材や杉皮、スギやヒノキの苗が当てられた。さらに大金の場合は、山林、土地、立木、屋敷や畑、家財道具、藪地もある。借入金は木材を収穫して販売したときに返済するのだが、何らかの事情で返済できなければ、担保が接収される。結果として土倉家の山林など財産が増えていった。

「土蔵」「土倉」は金融業者を指す職業名だが、明治になると近代的な金融システムを持つ銀行が登場してきた。そこで吉野でも、銀行の設立が相次ぐ。庄三郎は、吉野材木銀行の設立に関わった。林業関係者に資金を提供するための銀行である。一八九七(明治三〇)年の設立願いの筆頭に庄三郎の名がある。ただ翌年の設立認可書の取締役に庄三郎の名はない。立ち上げには名を連ねたが、本人は、銀行経営に直接関わるのを避けたのだろう。他の事業家と違って多様な事業（会社）を展開しようとしなかったのである。

吉野材木銀行は、後に合併を繰り返して吉野銀行となり、現在の南都銀行へと連なる。ほか一九八（明治三一）年設立の株式会社奈良農工銀行にも監査役として名を残す。こちらは一九三〇（昭和五）年に全国の農工銀行とともに半官半民の日本勧業銀行と合併し、現在のみずほ銀行となった。

また一八九九年認可の吉野鉄道株式会社も庄三郎の音頭でつくられた。鉄道による吉野への物資輸送を計画したのだ。この会社は、資金不足でいったん解散するが、後に軽便《けいべん》鉄道として建設された。その後大阪電気軌道との合併を経て、現在の近鉄吉野線になった。

ほかにも土倉の名を連ねる事業は数多くあった。土倉家は、林業だけでなく、新産業を興す資本家の役割を演じたのだろう。ただ経営に携わるのは慎重に避けた様子だ。その理由ははっきりしないが、三井三菱のような財閥形成には向かわなかった。

一方で林業は幅広く展開していた。吉野にこだわらず、全国で植林するほか、伐採搬出業務も各地で展開したようだ。その際は吉野で林業に携わる人々を派遣したのだろう。こうした専門職の派遣業務は、現在の林業界ではあまり行われないことで、進んだ業態を示している。

高野山で仕事を請け負った話もある。大木を伐り出し大阪の木材市場を経て京都に送って売りさばいたのだが、これは従来の商流から外れていたらしい。そこで京阪神の木材商たちが不買の取り決めをした。そのため京都四条に木材の山が積まれたまま腐り始めた。しかし庄三郎は、一歩も譲らず三年がかりで切り崩した、という話が伝わる。高野山の木材の一部は、水害で流された大阪の天神橋や天満橋の架け直し用材として大阪市（もしくは大阪府。当時はまだ市制は敷かれていなかった）に買い上げられたという。

『評伝』では、山林の収得が明治時代にあまりないことを指摘して「庄三郎が相続後、彼の手腕によって利殖したものは父祖伝来の総量の二〇分の一にも足りないのではないかと思う」と評されている。森林面積から土倉家の財産を推定すると、庄三郎は父祖のつくった財産を増やさず散じたように見えるかもしれない。しかし、森林の価値は土地ではなく木材にある。木材価格が上がれば土倉家の財産は膨らむのである。

庄三郎は各地で造林を推進し、流通の整備に取り組む一方で、技術や制度の改革を後押しした。むしろ近代林業のパイオニアであり、起業支援を行う社会事業家、ベンチャーキャピタルと見るべきだろう。

それが土倉家の力の源泉であった。山と森から生み出された財力を利用して、庄三郎は明治の世を動かそうとしたのである。

第3章

新時代を大和の国から

1　買い取った吉野山の桜

一八七〇（明治三）年、父庄右衛門が亡くなった。庄三郎は三〇歳。その頃から、彼の行動は活発になっていく。自身で決断できる状況になったのだろう。

この頃、庄三郎は何を行っていたのか。晩年の庄三郎は、吉野山の話が出ると、いつも笑みを漂わせて「吉野山のサクラ全部を、私は五〇〇〇円で買った」と感慨深そうに子や孫たちに語ったそうだ。今聞いても、とてつもない話で真偽を疑いたくなる。

吉野山というと、一目千本と謳われるように全山がサクラに覆われていることで知られる。歌舞伎の演目になる「義経千本桜」、あるいは秀吉の大花見など、吉野のサクラは昔から有名だった。七世紀後半に役行者《えんのぎょうじゃ》が金峯山寺《きんぷせんじ》を開く際に蔵王権現《ざおうごんげん》をサクラの木に刻んだことからご神木扱いになったという伝説もあるが、吉野山全域にサクラが植えられるようになったのは一五〇〇年代だとされる。吉野山に祈願で訪れ、また御礼参りした人がサクラを植樹したのである。やがて山麓でサクラの苗が売られるようになり、訪問者は記念に植樹する習わしになったという。

今も山麓の下千本、中腹の中千本、尾根筋の上千本、さらに奥千本と名付けられたサクラ群が、下から咲き誇っていく景色は、壮観だ。その数、約三万本と言われている。

交通の便がよいとは言えない時代から、吉野山のサクラは全国的に有名だった。吉野と言えばサクラであり、サクラと言えば吉野だった。吉野はサクラと同義語となる。サクラの一品種ソメイヨシノも、江戸の染井村で生まれた吉野（サクラ）の意味である。

庄三郎は、吉野山のサクラを買い取って土倉家のものにしたのではない。サクラが全部伐られてしまいかねない危機に、それを阻止したのだ。

しかし、ご神木扱いのサクラを伐るなんて有り得るのか、とまた疑問が浮かぶだろう。

明治の初め頃の吉野山は荒れていた。維新動乱のため行楽に訪れる人が激減したからである。追い打ちをかけたのが、一八六八（慶応四）年三月に新政府が発した太政官布告や神祇官事務局達・太政官達などの「神仏分離令（神仏判然令）」だった。さらに七〇（明治三）年の詔書「大教宣《たいきょうせん》布《ぷ》」で神道を国教と定めた。それが寺院や仏像などの破壊に走らせる廃仏毀釈を引き起こす。日本国中で仏教を目の敵にする一種の狂気に包まれたのだ。

仏教勢力の強かった奈良ではとくに激しかった。もともと奈良は、中世期は寺院が事実上の行政機関として土地を支配していたほどだが、それだけに仏教僧というだけで横柄に振る舞う者も多く、人々の反感を買っていたのだろう。多くの寺院は打ち壊しの対象となった。廃寺も相次いだ。最も権勢を誇った興福寺も七二年に廃寺となり、僧侶は全員還俗《げんぞく》して春日大社の神官になる。いくつもの坊が破壊され、経典を焚きつけとし、仏像仏具も薪代わりに焼かれた。現在は国宝の五重塔も、破棄されかけた。

その波は吉野山にも押し寄せた。吉野山は修験道の拠点だが、修験道こそ神道と仏教が混交した宗教である。その中心と言える金峯山寺も、一時は神社に衣替えしている。そしてサクラの樹も目の敵のように扱われたという。

そこへ大坂（この時期は大阪と表記が混在）の商人が、吉野山の木を買い取る話を持ち込んだらしい。目的は、薪を生産するためだ。なかでもサクラを薪にし、販売する計画を持っていたらしい。

この点については、少し説明が必要だろう。この頃のエネルギー源はほとんど木材だった。煮炊きや暖房、さらに産業用まで、使われるのは薪と木炭なのである。木材は、いわゆるバイオマスでありマテリアルだけでなくエネルギー源としての意味合いが強かった。しかし大坂ほどの大都市になると周辺の山で調達するだけでは到底足りず、江戸時代には土佐や伊予、讃岐のほか九州各地からも薪が運ばれていたほどだ。それらの地方では、薪の輸出が一大産業として成立していた。木材はエネルギー資源だったのだ。だから比較的近い吉野山で薪を調達しようと考えるのは、あながち意外ではない。水運があるので輸送もしやすい。

実は、この頃全国的に景勝地や神社仏閣の木々が伐採されていた。幕府や藩が敷いていた禁伐令が解かれたことで、野放図な伐採が進んでいたのである。

吉野山の住民も、サクラの木を薪にする話を了承したらしい。その経緯はよく伝わっていないが、花見の行楽客が減少したから、別の収入源を見つけねばならない。そこにサクラを薪用に買いたいという申し出があったら受け入れたのではないか。

ただ伐った跡を放置できない。そこで吉野山の総代が土倉家を訪ね、伐採跡地に植えるスギやヒノキの苗木を購入したいと持ちかけた。吉野山を林業地にしようと考えたのだろう。隣接する川上郷や黒滝郷は林業が盛んなのだから突飛な発想ではない。

だが話を聞いて、庄三郎は非常に驚き、猛反対した。商人にすぐに返金するよう進言し、その分の金額を土倉家で出すと言ったのである。

「新しい政府ができて、日本は世界の国々とつきあうようになる。外国人も日本を訪ねて来るだろう。その日のためにも吉野山のサクラは保存しておかねばならない」と語ったと『評伝』には記されている。今風に言えば、インバウンド需要を予測していたのだ。

総代は、庄三郎の申し出を受け入れてサクラの売却を止めた。もしかしたらホッとしたのかもしれない。そもそもご神木扱いだったサクラを伐採することは苦渋の選択だったはずだ。一方で庄三郎にとっては、苗を売るチャンスを潰したうえに、買い取ったと言っても、そのサクラを自由にする意図はなかっただろう。保全が目的なのだ。

その後もサクラの世話を吉野山の人々に任せている。売買契約書、あるいは寄付に関わる証書的なものも発見されていない。おそらく交わしていないのだろう。そのため、この逸話を吉野山側から確認することはできなかった。土倉家にひっそりと語り伝えられているだけである。

庄三郎は、なぜ吉野山のサクラを残そうとしたのだろうか。林業家としては、苗を売るだけではなく、吉野山をスギとヒノキの山にするのは悪い選択ではなかったはずである。植えた後の育林などを請け負うことも十分に考えられるし、さらにその先の木材生産も任せられれば大きな仕事になる。土倉家の財産を膨らませることにもなったはずだ。

おそらく庄三郎は、吉野山に家業とは切り離した特別な思い入れがあったのだろう。吉野は南朝・後南朝とのつながりが深く、とくに土倉家は、先祖を楠木正成とするように、後醍醐天皇には深い崇敬の念が見られる。

吉野山の一角にある吉野宮（現・吉野神宮）は、後醍醐天皇を祀る神社として明治政府が一八九二（明治二五）年に建設したが、ここに三〇〇円の寄付をした記録がある。その後吉野宮は官幣大社に昇格し、現在は神社本庁の別表神社（神職の人事で別格扱いを受ける神社）となった。

同じ頃に如意輪寺にも五〇〇円の寄付をしているが、土倉家文書は、さらに一九〇二（明治三五）年に二万円の寄付をしたことを示す。後醍醐天皇の御霊殿と幽香楼（客殿）、庫裏などの建物の修理のためだ。ちなみに如意輪寺は浄土宗。土倉家も浄土宗の門徒だった。それだけに吉野山は土倉家とは切っても切れない関係なのである。その地を自らの林業の地とすることには抵抗があったのかもしれない。

2 洋服を着た小学生たち

大正年間に出版された『家憲正鑑』には、「土倉家の家憲」の項がある。晩年の庄三郎もしくは土倉家の者から聞き取ったものと思われるが、「同家には成文的家憲なしと雖も、累代踏襲せる家法と、当主が成功の秘訣とは、同家の不文家憲として厳守励行せらる」とある。土倉家の気風、そして庄三郎のめざすところを知るのによい指針になるかと思われる。以下、項目を列記する。

一、須らく恭謙遜譲なるべし。
二、主人は一家の模範なれば、他に先だちてより多く勤労せよ。
三、公共慈善の事業に対しては決して人後に落る勿れ。
四、一家相和し相信じて共に家業に励め。
五、自ら儲く可き金の三分は人に儲けさせよ。
六、祖先を敬し父母に孝なれ。

七、子弟の教育を重んじ智を研き徳を修めしめよ。
八、勤倹質素を旨とし徳を履んで他を化せよ。

一つ一つを取り上げるまでもないが、それぞれの項目に庄三郎の活動が重なる。公共事業に個人資産を注ぎ込み、教育への投資を重視していたことがよくわかる。自らの財産を自らの家の事業だけに留めてはいけないと感じていたのである。

竜門村（現・吉野町）の上田愛之助が書き留めた「土倉庄三郎様直話」（『上田家文書』）には「自分の財産の三分の一を国家のために使い、次の三分の一を教育と人のために使い、残りの三分の一で一家の経営をしたい」と語ったと記されている。すでに同志社や日本女子大学設立に尽力したことは紹介したが、ここで庄三郎が教育に関わった事業を改めて追いたい。

庄三郎は、六歳の頃から家を出て習い事の教師に師事しており、当時の環境では決して「学問をしなかった」ことはない。それでも自由民権運動、あるいは林業関係の交わりなどを通じて、欧米への留学経験もある学者や政治家などと親交を深め、学問の重要さを感じる機会が度々あったのだろう。

大滝に初めての小学校が設立される際に、庄三郎も大きな役割を果たしている。

一八七二（明治五）年八月に、政府は「学制」を発布した。内容はフランス式で、計画通りなら、全国に五万三七六〇の小学校が誕生するはずであった。もっとも学校設立・維持に必要な費用は地域住民の負担としていた。そのため、設立には地域差が生まれる。

川上郷では、七三年に寺尾村に設立された開明舎が最初である。翌年、東川村に進学舎、和田村に遷喬舎、そして大滝村にも開明舎の大滝分校が誕生する。第一九番小学校分校育英舎と称したが、七六（明治九）年に独立し、大滝小学校となる。こうした小学校設立の動きは、奈良県内でも早い方だった。やはり林業のおかげで豊かだったからだろう。

大滝分校スタート時の生徒数は二〇人内外だった。やがて五〇人を超え、八三（明治一六）年には八〇人を超えた。大滝村民の教育熱は高かったようである。教育科目は、綴字、習字、修身、算術、歴史、化学、裁縫などだった。

校舎は、庄三郎が村内の地蔵堂を改築して建てた。残されている「年々小学校費帳」には、書籍一四円、石筆・石盤三円、時計四円、地球儀一円五〇銭、計二二円五〇銭が土倉家より寄贈された。さらに行灯一脚、飛脚（役所まで）賃とか夜学の西洋油代……なども記載されている。

大滝小学校の設立時にも、庄三郎は多額の寄付を行った。七五（明治八）年から八一（明治一四）年までに書籍、筆墨、石盤代二一五円、また椅子代も五〇円が記録されている。西洋式の椅子と机のある教室だったのだろう。

開校時に校長が「将来は、大和第一の高等小学校にしたい」と希望を述べたところ、庄三郎は「大和第一がどれほどのものか、私の希望は日本第一だ」とつぶやいたとか。

特筆すべきなのが、七六年に寄付した五八七円である。その中に「九拾円也　生徒用洋服六

大滝小学校に寄付した洋装の制服(龍泉寺所蔵)

十通代」「参拾円也　生徒用袴弐十通代」とある。

制服を用意して寄付したのだ。袴は女子用だろうが、問題は「生徒用洋服」だ。洋装の制服となると相当珍しい。東京や大阪でも洋服が目立ちだしたのは明治二〇年前後とされるから、明治九年の山村に洋服姿の児童がいたのは、ほかに例を見なかったはずだ。

この洋服は、現在も川上村に数着残されている。いかにも小学生低学年用と思われる寸法だが、紺の色と丈夫そうな服地からはジーンズを連想させる。

この制服を調査した昭和女子大学によると、上衣の表地は横糸が太く緻密な紺木綿で、非常に丈夫な材質だという。裏が白綿ネル地で、起毛した綾織の厚地。縫い糸はミシン、手縫いのどちらにも黒色と紺色が使用されている。デザインは、前面がテーラードカラー、シングルで二つボタン。内ポケットもある。また背面にも装飾ボタンが二つある。

ズボンは、表地が紺木綿で、裏が薄手の白い平織木綿。前立てには五つのボタンが使われている。ベルトはなく、紐で締めていたようだ。デザインはストレートで、西欧の伝統的で洗練されたシルエットをしている。

調査報告は「全体的に緻密で、しかも要領のよい縫製技術が取り入れられている」と評している。明治時代の洋装史を研究するうえで貴重な品だろう。

この学生服は、庄三郎が横浜でつくらせたと伝えられている。当時、日本で洋服の製造はどれだけ行われていたのか。日本の洋装史によれば、幕末に開かれた開成所という洋学教育機関には裁縫ミシンがあり、洋服の仕立て方を教えていた。軍服など洋服を身につける職業が生まれたからだろう。そして要請によって洋服の仕立ても請け負ったらしい。そうした流れを汲む職人の店が横浜にあったのかもしれない。

なお女児の袴も、かなり珍しい。女性の間で袴が流行るのは明治三〇年代だが、当時は袴姿の女性は都会でも「醜態」と批判されたという。ところが、そのはるか以前に山村で袴姿を見られたのは、ファッション史において特筆すべきだろう。

洋装の制服の寄贈は七六年だけで、その後追加されていない。学童の親は、息子らに洋服を着せるのに抵抗があったのかもしれない。

一九〇七（明治四〇）年に小学校に入学した辰巳義人は、この洋服を知らず、全員着物に袴姿だったと証言する。明治末から大正時代の小学校の制服は、男児は校章のついた帽子に小倉織《こくらおり》の袴、女児は蝦茶《えびちゃ》で裾に一本白線を入れた袴だった。洋装ではないが、かなりお洒落な制服だ。修学旅行で都会に出ると大勢の人が寄ってきて珍しがられたというから、川上村はファッションの先進地だったと言えるかもしれない。

ほかにも記録では、芳水館と名づけた私学校の建設に八〇〇〇円、吉野尋常中学校建設資金に二五〇円寄付したとある。いずれも明治二〇年代初めだ。同志社等、大阪や東京だけでなく、地元の教育施設建設にも多くの資金を出している。

なお庄三郎は、水泳鍛練も始めさせた。吉野川では丸太の筏流しを行っている。筏師は林業職の中でも花形ながら、しばしば筏より転落して溺死した。そこで村人が泳げないのは問題だと考えたのだろう。毎年京都武徳会の師範を大滝に招いて水泳術を村の若者たちに身につけさせた。ちょうど土倉屋敷の前で吉野川は屈曲していて、一部川幅が広がり水の流れが穏やかな淵がある。そこをプール代わりにしたのだろうか。この水泳訓練は、明治から大正、昭和と続き戦後まで行われていたという。

3 東熊野街道の建設

　奈良県五條市の宇野峠に足を運んだ。現在の国道一六九号、三七〇号に当たる東熊野街道建設の記念碑があると聞いたからだ。この街道は、五條から吉野奥深くへ延びるルートだ。その建設に土倉庄三郎は深く関わっている。

　地形的には奈良盆地の南縁に当たり、峠といっても低山だろうと思っていたのだが、思っていたより険しい。現在は自動車で抜けられるが、かつては徒歩中心だったから、かな

宇野峠にある東熊野街道建設記念の碑（筆者撮影）

りの難所だったのではないかと思わせた。

なかなか記念碑は見つからず、車で峠を二度三度と往復する。ようやく小さな標識を見つけた。「土倉庄三郎翁顕彰記念碑」とある。そこは擁壁《ようへき》の上で、肝心の石碑は擁壁の裏に隠れていた。しかも草ぼうぼう。わからないはずだ。そこで車に積んでいた手鎌で碑までの数メートルを草刈りしながら近づく。ようやく碑文が読めるようになった。もっとも漢文だから読み下すには根気がいる。

碑文によると、旅通・商売など富国のため有識者により計画されて、明治一七（一八八四）年五月二五日に起工し、明治二〇（一八八七）年六月二五日に竣工したとある。この期間で建設されたのは五條から楢井《ならい》村（現・吉野町）までの間だ。道幅はおよそ二歩、長さ七一五〇歩（歩は、約二・四メートル）。工事は、峻崖を削り、巨石を穿ち、橋梁を架けたり埋め立てたりした。かかった金額は総額一万三〇〇〇有余円。このうち行政支出は、二八〇〇円あまり。残り一万円以上を民間が出資したことになる。とくに土倉・北村・大北・堀内の四氏の義捐するところが多かったと伝える。それゆえ開通した際に記念碑を建てたのだろう。撰文が藤澤南岳《ふじさわなんがく》、書は稲垣箇とある。

庄三郎関連の碑で、彼の生前に建てられたのは、この碑だけである。せっかくだから、碑の周辺の草も刈り取っておいた。興味を持った多くの人に訪ねてほしいと思う。

東熊野街道の建設について、少し時系列で見てみよう。

最初に取り組んだのは、宮滝から川上郷を抜けて北山郷へと通じる約八里の道のりだ。序章で紹介した五社峠越えの道もその一部だ。

この間は、江戸時代まで杣人が通る踏み分け道しかなかった。尾根に出るかと思えば川岸を歩き、崖を伝う。獣道と区別がつかない状態だったという。明治に入って馬車や牛車、人力車、少し遅れて自動車も登場する。そこで六尺ないし一丈の幅（約一・八メートルから三メートル）の荷車の通れる道を開設しよう、庄三郎がそう決意したのは、七三（明治六）年、三三歳の時だった。

川上郷は、全域が急峻な山岳地帯である。庄三郎は、沿線の川上郷および吉野各村の戸長を招集して、協力を求めた。記録には、二九の村名と代表者名が並ぶ。

提案したのが「青山二〇分の一」の出資である。各地区の山林を評価して、その額の二〇分の一に当たる金額を所有者から出資させるのだ。当時の文書には「青山代価廿歩一、其ノ山ノ持主ヨリ出金為シ、費用ニ充当施行」とある。この手の費用分担方法は、昔から行われてきたものだ。政府（幕府）を当てにせず自力で建設するのだから、地元有力者が費用を出さねばならない。しかし吉野では不在地主が多く、彼らは道づくりに興味を示さなかった。山村に住んでいなければ道の必要性を切実には感じないからだろう。そんな地主を説得し協力させねばならない。

土倉家をしのぐ大山主の北村家もその一つだ。北村家は奥地に山林を保有するものの、住まいは下流の上市である。そのため説得に応えず断念せざるを得なかった。工事は一八七九（明治一二）年から始まったが、難工事が続いた。測量だけでも莫大な時間と労力を費やし、一度は承服したのに納金しない山主も多かったと伝えられる。そのため二年目に中断している。

そうしたなかで、奈良県は堺県となり、さらに堺県も大阪府に吸収合併された。すると庄三郎と懇意だった建野郷三・大阪府知事が道路建設の推進に乗り出した。建野府知事は自ら村外山主に東熊野街道工事への出資を説得した。北村家もようやく同意したのである。

その際に、庄三郎が府知事宛に出した文書によると、

「金五万二千三百九円二十五銭八厘九毛八、他郷在住ノ青山二十歩一金也。此ノ償却方法ハ、明治十五年ヨリ川上郷中庄郷ノ両郷ヨリ年々出金シ、之ヲ以テ金禄公債証ヲ購求シ、利子増殖致シ、来ル明治三十五年ノ公債証額面ノ金額満ツルヲ以テ出金ノ者エ償却致シ、若シ不足生ジ候節ハ、別途（個人）公債証ヲ差加エ返戻ノ見込ニ御座候」

ようするに、川上郷と中庄郷（現・吉野町）が不在地主が出資した額だけ後年返済するというものだ。しかも個人保証を付けている。返済が滞ったら、個人が責任を負うのである。この場合の個人とは、土倉家ではないか。先述した日本女子大学校の設立でも寄付金募集で庄三郎と広岡浅子が個人保証を行ったが、その発想の原点はここにあるのかもしれない。

土倉家の納金額は表向き十数万円であるが、実際はその数倍を出した。当時、土倉家は資産の三分の一をつぎ込んだと噂され、山林をかなり処分したらしい。

道路が完成してからは、人の往来や物資の輸送は格段に増え、民の暮らしも一気に変わった。道路は今も昔も沿線に住む者の生活を一変させる。

このルートの改良工事が完了したことで、先に整備した吉野・宮滝―五社峠―川上―北山ルートにつなげることができ、大阪から五條、吉野を抜けて熊野まで荷車なども通せる道が開通したのである。

ちなみに庄三郎が関わった道路開設は、ほかにも多数ある模様だ。たとえば「萩原街道桜峠開設」に二〇〇円出資したとある。現在の奈良県宇陀市の榛原《はいばら》街道には萩原宿があり、それに連なる御杖《みつえ》村の桜峠のことだろう。

さらに伊勢街道開設に一八三八円という記載もあるのだが、大阪から奈良県内を通って伊勢に続く伊勢街道は多数ある。榛原を抜ける道もその一つだ。どのルートか判然としないが、かなり精力的に道路建設を進めたことが読み取れる。

道路の整備により人や物資の行き来が容易になれば、経済が活性化する。町から山村へ物資を流通させるだけでなく、山村からも木材などの物品を搬出しやすくなる。さらに植林や育林の際の行き来も楽になる。山林の手入れが行き届けば、木材の価値も高まる。折しも木材価格は急騰していた。長い目で見ると、道路建設にかけた資金は十分取り戻せたと思われる。土倉家は、処分した山林を補ってあまりある価値を道の開通で生み出したのだろう。

4 秘境・大杉谷の土倉道

庄三郎の道づくりへの思いは尋常ではない。山間部に住むと、交通の便が非常に重要なことを肌身に感じるのだろう。東熊野街道の次に思いついたのは、吉野より伊勢に抜ける道づくりである。これは通常の道路開削とは違った意味を持つ。人跡稀な懸崖を通るルートも尋常ではないが、土倉家単独で建設された点でも異色である。これにより川上郷と三重県の船津が結ばれたので船津街道と名付けられたが、一般には土倉街道、土倉道と呼ばれる。

一八九四（明治二七）年、三重県北牟婁郡《きたむろぐん》の大杉谷《おおすぎだに》（現・大台町《おおだいちょう》）の御料林（皇室財産である山林）が、一万円にて土倉家に払い下げられた。御料林に生えるスギやヒノキ、コウヤマキの代価という名目である。おそらく庄三郎側からの陳情があってのことだろう。

大杉谷は、紀伊半島東部の大台ヶ原《おおだいがはら》を含む台高《だいこう》山系に刻まれた深い谷である。大台ヶ原は高原状で上部はなだらかだが、谷は急峻だ。急峻すぎる。

『大杉谷国有林の施業変遷史』によると、宮内省が払い下げたのは天然木一万六六九六立方メートル（ヒノキ一万二八七七本、コウヤマキ一〇八本）である。それも立木すべてではなく、ヒノキ・コウヤマキは目通し周囲四尺（一二〇センチ）以上、ネズコ五尺（一五〇センチ）以上のものに限ったという。直径に直せば四〇センチ以上の大木だ。巨木が林立する原生林だったことを窺わせる。

大雑把に見て、それらの価値は、当時の金額で一〇万円以上になると見られる。ただし、搬出できれば、だ。ここが林業の難しいところで、木材価格がいくら高くても、立木（樹木）を伐って必要な場所まで運び出せることが前提となる。そのコストが高すぎると、木を伐って運び出す意味はなくなる。

大杉谷は、大台ヶ原の東方に位置し、現在でも原生林に覆われ、数百の滝と谷の連なる地域だ。近畿の秘境と呼ばれ、今も車道はない。三重県側から大台ヶ原に登る登山道はあるが、二〇〇四年の台風二一号により数千カ所も崩落し、長く通行不能となっていた。現在も、崖に張られた鎖を伝わるような箇所も多く、厳しいルートである。

大杉谷の開発がいかに難しいか、地図を見てもすぐわかる。険しいとされた川上郷を数倍上まわる峻厳な地形なのだ。

入之波から大台辻に向かう道（筆者撮影）

また大台ヶ原は人跡未踏の地で、世界有数の多雨地域だった。常に霧が発生する地形であり、人が入るのを拒み続けた。言い伝えでは、大台ヶ原の一角にある牛石ヶ原《うしいしがはら》の牛石を杖でたたくと大雨になり、触っただけでも小雨が降り、触らなくても雨が降る……と言われた。ようするに必ず雨が降る。一年に四〇〇日雨が降る、とも言われた。

このような山と谷に、庄三郎は独力で道路を開いたのだ。目的は庄三郎が払い下げを受けた大杉谷から木材搬出するための林道であるが、同時に吉野と伊勢を結ぶ大動脈づくりであった。ルートは、現在の川上村上多古《こうだこ》の落合橋から分岐して大台ヶ原を越えて大杉谷に入り、三重県船津に至る約一二里約四八キロメートル（測り方によっては一五里約六〇キロメートル）だ。幅は、約二メートル。道の設計測量は船津村の速水島吉が担当した。

後年、庄三郎の語った言葉として「死物狂ひと云ふ言葉はきいて居たが、まだ曾て味はつた事がなかった。然し第三年目の工事に着手した時には、死物狂ひの言葉を実際に味はつて見た。あちらの富豪には突放され、こちらの有志には蹴放され、苦行に百倍する苦行は金策だと思つたのはこの時であつた。私は私の為に金を求めるのではない……神の為求めるのであると死を決して富豪有志を勧説したが、誠は神を動かし人を動かして、遂に第三年の十月も漸やく事なく終つた。私はこれを私の力とは思はない。只管神の加護であると思つて居る」。（『大臺ヶ原山 世界乃名山』より）

庄三郎がここまで苦労を語る記述は、ほかにない。『評伝』には、弟の平三郎の孫、平造の話として「大杉谷から紀州までの道には、三尺幅に二銭銅貨を敷き並べるほどかかった」と庄三郎が晩年話していたそうだ。これを計算した人がいて、四〇〇〇万枚弱になったそうである。八〇万円相当か。もちろん銅貨は比喩だから、あまり意味はないにしても莫大な資金を費やしたのは間違いない。ほとんど寄付はなく、土倉家単独の事業だったのである。

伐採した木材は、分水嶺を越えて吉野側にも運び出した。木材は下方に運ぶのはまだしも、登らせるのは大変である。そこで役牛《えきぎゅう》を二一頭用意していた。木馬《きんま》と呼ぶ橇《そり》に積んだ木材をウシに引っ張らせて大杉谷から大台ヶ原を越えて吉野側の谷に下ろす。

そこからは川に堰を築いて溜めた水に丸太を浮かべ、堰を切ることで一気に下流へ流す「鉄砲」だ。後年は、丸太を筏《いかだ》に組んで流すようになる。川上村のもっとも奥まった入之波《しおのは》集落の谷奥には「筏場」という地名が今も残るが、入之波川から筏で吉野川へと流した名残だろう。

しかしウシにとっても辛い仕事だったらしく、晴れると座り込んで動かなかった。そこで厩舎の屋根に水をまいて雨と思わせて立ち上がらせた、という逸話がある。酷使されることを「土倉のウシ」と比喩する言葉が伝わったほどだ。

大杉谷における伐採と搬出が終わると、庄三郎は道を国家に上納し、立木代金の一部とした。木材搬出用とはいえ、公道に遜色のない質の高い道だった。これほど苦労して完成させた街道をあっさり寄付することに驚くが、庄三郎は林地開発を名目に道路を建設することが目的だったのでないかと思わせるほどだ。実際、道路建設と森林開発の収支を考えると、必ずしも土倉家が利益を得たとは思えないフシがあるのだ。

この道ができてから、紀州の新宮や尾鷲《おわせ》の林業家も、大杉谷の森林開発を手がけるようになった。船津街道を三重側から入って、支線を築きながら森林を切り拓いたのだろう。太平洋戦争後は森林軌道（鉄道）を敷設したり、インクライン（高低差のある二点をワイヤーロープで結び、シーソーのように物資を上げ下げする仕組み）も設置された。もしかしたら森林軌道には、土倉道や木馬道を利用した部分もあったのかもしれない。

林業だけでなく、物資の輸送にも船津街道は大きな役割を果たした。伊勢の海産物が川上村に運ばれてくるようになったのだ。山里の食生活も変えただろう。

戦後、奈良県と三重県を結ぶ道は、下北山村から熊野市へと南を大回りする三〇九号線のほか、上北山村と尾鷲市を山越えする四二五号線、あるいは北の東吉野村から大台町、伊勢市に抜ける一六六号線などがあるが、大杉谷を通る道はない。

今では土倉道も廃道扱いだが、探索した人によると、石垣や掘削跡などの道跡は残されており、非常に安定感があるそうだ。私もほんの少しだけ歩いたことがあるが、土倉家単独で、これほどの道を建設したことに圧倒される。

5 大台教会の「土倉の間」

紀伊半島には、半島の背骨として南北に延びる三つの山系がある。西部に真言宗の総本山を抱える高野山系、中部に修験道の中心地大峰山系、そして東部に台高山脈がある。台高山系は、奈良と三重の境を連なる標高一〇〇〇メートルから一六〇〇メートル級の山々だ。大杉谷もその一部だ。だから土倉家の大杉谷開発は、台高山脈を横断する道づくりを意味した。そして頂上に大台ヶ原があった。

伊勢湾から屹立する険しい山々は先に記した通りだが、登りきったところには平坦な台地が広がる。常に雲に包まれ、原生林の広がるこの山は文字通り人跡未踏だった。

江戸時代よりわずかな探検志向の本草学者や、修行の場を求める行者が入ったが、人が常駐することはなかった。明治に入って、京都や地元の僧が開拓に入ったり、探検家の松浦武四郎が山小屋の建設や登山道の整備などを行うが、定住はできなかった。おそらく多雨に加えて冬の豪雪、そして深すぎる原生林が生活の場に向かなかったのだろう。

私も幾度か大台ヶ原を歩いているが、平坦な台地に広がる森は奥深く、見通しが利かない。

野生動物もチラホラ目にする。シカはよく目にするし、アナグマも見かけた。幸い会わずに済んだが、ツキノワグマの出没が近年増えているそうだ。ただ池や小川があって夏なら快適な森の生活が送れそうに感じる。しかし冬は数メートルの積雪があると聞くと恐ろしくなる。おまけに一本ダタラなど妖怪伝説もあるのだ。

そんな大台ヶ原に古川嵩《ふるかわかさむ》が入った。古川は、美濃国郡上《ぐじょう》生まれで、名古屋で木材と米穀を扱う商売に成功したが、大峰山に登った際に、隣に開山されていない大台ヶ原の存在を知って、自ら開山を決意するのである。

まず下北山村に行場を設けて修行を続けた。一八九一（明治二四）年、四人で大台ヶ原に登り、一人山に残った。風倒木の根の下に「根こそぎの宿」を設けて過ごし、食料もほとんど現地調達だった。そのうちオオカミと仲よくなり、ともに穴の中で寝たという。

九七日間を過ごした古川は、翌年は厳冬期に登り、越冬に成功する。おそらく初めての記録である。彼の伝記には「大台ケ原山頂に天津神々を始め国津神々を招き祀り、修業道場を造り、心身の病気に苦しむ諸人に万有造化生成の真理・原理・道理の根源を体得させ、病魔を撃ち払い健全な身体に蘇らす修練の聖なる山とすると共に、風光明媚なこの大台ケ原を広く世に出したいと念願し」たと開山の動機が記されている。

その後、神道一派の神習教《しんしゅうきょう》教祖芳村正秉《よしむらまさもち》に師事し、神習教の分教会として「福寿大台ヶ原教会」を開いた。宗教法人格を取得するのは簡単ではなかったため〝間借り〟の形をとったそうだ。そして大台ヶ原に一般人が登れる道づくりと教会建設を思い立つ。

古川は、名古屋や東京などを回って寄進を求め、九三（明治二六）年から建設にとりかかった。だが、必要な資金の何分の一も集まらなかったという。この時期に土倉家の大杉谷開発が始まったのである。必然的に、古川は庄三郎を頼った。

庄三郎は快諾した。そして庄三郎は、峠の大台辻より現在の東大台にある大台教会までの道路建設をする。道幅八尺（約二四〇センチ）、距離は五〇丁（約五・五キロ）だった。これを大杉谷開発と同時に行ったのである。

さらに大台教会の建築も援助した。原生林の木を伐らずに、できる限り立ち枯れ木や倒木の中から使えるものを選び出して製材したという。六年四カ月かかって五万八〇〇〇円を費やしたとあるが、庄三郎が古川に寄進した額は二万円を超えていた。

こうして完成した大台教会は非常に壮大な建物で、本殿は一三間四方というから五〇〇平方メートル以上あった。戦後、空から撮影した写真があるが、高い屋根が特徴的で壮麗な雰囲気が漂う。原生林の中に忽然と姿を現す巨大建築は訪れた人を驚かせただろう。また裏には庫裏もあり、ここに登山客が宿泊できたそうだ。大台教会は、自然崇拝的な宗教だが、信者の獲得や教義の押しつけなどを好まず、登山客も快く泊めている。

そして、大広間とは別に客間もあった。そこは「土倉の間」と呼ばれた。いわば貴賓室のような扱いだ。土倉家には大台ヶ原で採取した木々の盆栽があったと記録があるから、実際に土倉家の者が泊まることもあったのかもしれない。ただ、このネーミングは古川の感謝の意だろう。この「土倉の間」は戦後まで残っていたようだ。

古川の死後は、信者の田垣内政一が大台教会を引き継いだ。登山客にさまざまな伝説を語るので有名だった。当時の映像も残されているが、場所は土倉の間かもしれない。

しかし、本殿はさすがに傷みがひどくなって戦後建て直した。昔の本殿写真と比べると、幾回りか小さくなった気がする。現在の本殿に入れてもらったことがあるが、大きな神殿と木像があった。内部の建具などは、先の本殿のものを使っているそ

空撮された大台教会初代本殿。裏手の庫裏は今も残る（写真提供：大台教会）

うだ。また土倉の間の建具も保管されていた。障子戸にも細工が施されて丁寧につくられたものと感じた。そのほか古川の姿を写した肖像画も並ぶ。なかにはニホンオオカミの絵もあった。古川と一緒に冬を越したというオオカミなのだろう。

一方で、庫裏は今も残る。

庫裏も見学させていただいた。庄三郎の建てた建物という点で興味を持ったのだ。ただ、一〇〇年を超える歳月は家屋を傾けて、壁板は外れかかり、雨漏りを防ぐために張った屋根のトタン板もところどころ剝がれている。そして苔が生えていた。危険すぎて中に入れない。それでも戸を開けてもらって内部を覗き見ると、暗がりの中に太い梁などが目に入った。再建は難しいだろうが、もったいないと感じさせる造りである。

庄三郎にとって、大杉谷開発の付録（にしては、膨大な出費だが）のようなものかもしれないが、宗教にこだわらず信念のある人には手厚かった心意気が伝わってくる。

6 大和の養蚕は川上村から

明治日本の主産業は、製糸業である。生糸と絹織物、それに蚕種《さんしゅ》（カイコの卵）は、最重要輸出産物だった。当時の全輪出額の四分の一〜二分の一を生糸関連が担い、国家財政を支えたと言っても過言ではない。そして生糸の元は養蚕にある。

一八八七（明治二〇）年に再設置が叶った第二次奈良県では、養蚕による殖産興業に取り組んだ。だが、その陰に庄三郎がいたことはあまり知られていない。

林業は、木材の価格変動が大きい。影響を受けるのは、山主以上に山林労働者だ。彼らの給与は日当であり、雨が降れば仕事はなく、怪我をすれば即収入を失う。当時は保険制度もなかった。庄三郎は、林業だけでは村民の暮らしが安定しないとよく自覚していた。そこで村民の副収入になるような事業を模索していたようだ。果樹栽培を試みた話もあるが、選んだのが養蚕なのである。

現在の奈良県に養蚕の面影はない。しかし日本の養蚕の始まりは、大海人皇子《おおあまのみこ》（後の天武天皇）が、国栖《くず》の里《さと》（現・吉野町）で里人にカイコの飼育を教えたことにあるという。これは伝説にしても、奈良は、そして吉野は日本の養蚕発祥の地とされる。

養蚕を行うためには、まずカイコの餌となるクワを育てなければならない。八二（明治一五）年に庄三郎は、信州から取り寄せたクワの苗を、村内に無料配布して植えるよう指導した。しかし数カ月後に見回ると、どこにもクワの姿が見えない。ほとんどが枯らしたか、柴や薪として燃やされていた。村民にクワを育てる意識がなかったのである。

翌年再びクワ苗を取り寄せると、人足を多く雇い、直接植えさせた。クワが育つと、蚕種を家々に分配して、孵化させ幼虫を育てるように教えた。しかし、カイコを死なせてしまう者も続出する。そこで土倉家で孵化させたカイコを配って歩く。気味悪がって飼育を嫌がる者もいたが、渋々でもカイコを育てたら、できた繭を高値で買い取った。すると、少しずつ養蚕に挑戦する者が増えてきた。

七年目になって、ようやく村に養蚕が根づき、川上郷だけで五〇〇〇石の繭が取れるようになった。ここまでに三万円を費やしたという。その費用を土倉家が負担したのである。ちなみに繭の単位の「石」は、一石三七・五キログラムである。

奈良県が養蚕に乗り出したのは、その後だった。古沢滋奈良県知事は、庄三郎のほか北村宗四郎、栗山藤作、今村勤三、中山平八郎など奈良県下の林家や農家などの有力者を集めて勧業諮問会を開き、奈良県でも養蚕に取り組む計画を説明した。時期ははっきりしないが、一八八〇年代末かと思われる。

諮問会の一員だった正木直彦の『回顧七十年』には、知事の養蚕興業案を聞いた庄三郎の発言が記されている。正木は、大和郡山の奈良県尋常中学校長や帝国奈良博物館学芸委員、古社寺保存委員などを歴任し、後に東京美術学校の校長として明治期の美術行政を取り仕切った人物である。

県の説明を聞いた庄三郎は、おもむろに発言した。

「知事さん、いろく承るに、貴方の御案は県の仕事としては頼り無い。頼り無いといふのは、規模が小さく、心構へがしつかりしてゐないと云ふ事です。これでは現在私が、私費を以つて川上村にやつてをる事よりも小さい位です」

そして、自分が苦労して川上村に養蚕を根づかせ広めるまでの経緯を説明した。

「知事さん、一つの仕事を植ゑつけるのは、容易な苦労ではありません。人の為と思つてやつてゐるのに、何とも思はぬどころか、面倒がられるのです。儂は、小さな川上郷だけでも楽ではござんせんでした。それだけに、奈良県全体に養蚕を植ゑつけるとなると、決して並大抵の苦労では行きませんぞ」（漢字は新字体に改めた）

養蚕を根づかせる苦労を身をもって体験した庄三郎の言葉に諮問会のメンバーは粛然とした、と正木は記している。

その後、県も力を入れ始めて養蚕が広がり、九一（明治二四）年に養蚕伝習所が大滝に開設された。九五年には、川上村の長井僖作朗村長の名で郡訓令「蚕業奨励法施行手続き」を発している。やがて全国に「大和の養蚕」が知れわたるようになった。大正・昭和初期の最盛期には、奈良県内に養蚕農家二万三〇〇〇戸、六〇〇〇ヘクタールの桑畑があり、全国有数の規模だった。川上村の養蚕は、とくに大正に入ってから大きく成長し、養蚕組合が結成された。盂蘭盆《うらぼん》の行事を養蚕の仕事と重ならないように九月に変更した記録もあり、養蚕中心の生活が営まれるまでになったほどである。

川上村柏木在住の辻谷達雄によると、戦前はどこの家庭でもカイコを飼っており、辻谷家も養蚕組合に入っていたという。昭和初期の様子を紹介しよう。

カイコは、春に孵化したばかりの幼虫を組合から購入して、家の庭で栽培していたクワの葉を与えて育てる。当時小学生の辻谷も雨の中を桑畑に通って、クワの葉を取った思い出があるそうだ。その葉は、母親が一枚ずつ水を拭って乾かし、専用の大きな包丁で刻んでからカイコに与えた。濡れた葉を与えるとカイコが病気になってしまうからだ。

カイコは最初こそ納屋で飼うが、だんだん大きくなり飼育箱の数も増えると、家の八畳の座敷が養蚕場に取って代わられる。育ったカイコが繭をつくれるように網を張った箱を、部屋に積み上げる。そうなると、家族は納屋で寝る。

部屋の中では、煉炭や豆炭を焚いて温度を上げたり湿度を調節した。また「カイコの先生」と呼ばれる指導員が定期的に村内を見回って指導した。だいたい春、秋、晩秋の年に三回の繭収穫が行われたそうだ。そんな川上村の養蚕も、大恐慌の頃から下火になり、太平洋戦争が始まると終焉した。生糸より食料増産が重要となったからだ。戦後は、一時的に復活したが、化学繊維の登場と海外産に取って代わられて消えていった。

しかし奈良県の養蚕は、庄三郎の足跡であり、遺産でもある。

7 古社寺が国宝になるとき

庄三郎は文化財の保全に強い関心を示していた。それも保全費用等を寄付するだけでなく、保護のために活動していた。それを示す一つが「古社寺保存ノ請願」文書である。大和高田市の医師であり郷土史家でもある吉條久友が古書目録で発見し手に入れたものだ。

B5判の大きさだが、表紙には「明治二九年一月　奈良県大和国吉野郡川上村大字大瀧　土倉庄三郎　ほか五十七名」と記されている。提出した先は、貴族院議長侯蜂須賀茂韶、衆議院議長楠本正隆の二人となっていた。

一部を紹介すると

「（日清戦争の）戦後ノ経営タル其事業極メテ多ク軍備ノ拡張、教育ノ開発、農工商業ノ奨励等固ヨリ以テ緊要ナリト雖モ亦宜シク帝国固有ノ精華ヲ発揮シ人文開発ノ素因決シテ偶然ナラザルヲ知ラシムルハ戦後ニ於ケル最重要ノ事ト云ハサルベカラズ即チ神社仏閣ノ如キハ帝ニ壮麗精妙ニシテ美術ノ模範トナリ幽邃閑雅ニシテ国土ヲ装飾スルノミナラズ歴代ノ皇室皇族並ニ武門武将ニ深厚ノ由緒アリ以テ国体ノ淵源スル処国風ノ助長スル処民俗ノ馴致スル処ヲ観ルニ於テ

至大ノ関繫ヲ有スルモノト云ハザルベカラズ」（漢字は新字体に改めた）

この後も文化、とくに古社寺に残された美術品などがいかに大切かを力説しつつ、そうした千有余年も保存してきたものを今失おうとしている……と徐々に激烈な表現になる。

さらに欧米諸国が日本の美術を称賛していることを訴え、彼の国の文化政策やその予算を示す。たとえばフランスは一九九万六七四二円（日本貨幣換算）、イタリアは一二一〇万円、ドイツ（プロシアのみ）は七〇万円……と並べている。

「欧州各国ニ於テ古物ヲ保存シ建造物ヲ保護シ美術ヲ奨励スル」が、日本の美術は欧米を凌駕するのみならず、古社寺のごときは国体、国風、民俗に関わっているのに、維持保存を講じないのはいかなることか、と嘆くのである。

「庄三郎等ガ古社寺保存ヲ請願スル所以ノモノハ敢テ我大和一国ノ為ニアラズ帝国固有ノ建造物ヲ永遠ニ存立シ且ツ戦後ニ於ケル國光ヲ発揚スルノ一助トシテ最モ緊要ノ事トシンズルヲ以テナリ」と続け、これを維持保存しようとしても到底私力の能《よ》く及ぶ所になく、則ち勢い国家の力に依らざるを得ない……。

宮内省、内務省から保存の金も支出されるが、わずかに五〇円、多い時も二〇〇〇円に留まり、それも二、三の社寺にすぎない。これでは到底維持保存は望めない。大和にある現存の古社寺はその数三五〇余にも及ぶ、と社寺のある地域と名前も並ぶ。

東大寺や興福寺、法隆寺はもちろん、法華寺、海龍王寺、般若寺、薬師寺、唐招提寺、新薬師寺と知られた古刹の名を挙げる。もちろん奈良県内ばかりだが、わが家の近くの寺も入っていた。後に本殿や本尊仏像などが国宝に指定されたところも数多い。

ちなみに最後には「土倉庄三郎　ほか六三名」となっていて、表紙と違うが、途中で人数が増えたのだろうか。

明治維新後、日本政府は欧化政策を進め、日本古来の文化財を軽視する傾向が強まっていた。一八七一（明治四）年に古器旧物保全に関する太政官布告が公布されたものの、廃仏毀釈運動が全国に広がり、寺院だけでなく仏像や仏教系の美術品も多くが破棄された。また、絵画や彫刻なども二束三文で欧米へ流出していた。

そんな時代に、日本文化の価値を認め、保護に努めたのがアメリカの哲学者であり政治学者でもあったアーネスト・F・フェノロサである。日本政府の要請を受け来日した彼は美術への造詣も深く、奈良の文化財にギリシャ・ローマ美術に通じる美を見出したという。

現在、吉野町と山続きの桜井市山中にある聖林寺《しょうりんじ》に安置されている十一面観音立像は、七六〇年代に東大寺でつくられ、三輪山《みわやま》の神宮寺「大御輪寺《だいごりんじ》」の本尊として祀られていた。それが廃仏毀釈を免れるため、一八六八（慶応四）年に聖林寺に移されたと言われる。秘仏として隠されていたが、八七（明治二〇）年にフェノロサの進言で秘仏の禁を解かれた。彼はこの仏像にほれ込み、翌八八年、奈良市の淨教寺《じょうきょうじ》で文化財保護を訴える「奈良の諸君ニ告グ」という講演を行っている。この講演は日本人の美術に対する意識改革を進めたとされる。

もしかしたら庄三郎もこの講演を聴いたのかもしれない。それが「古社寺保存ノ請願」をさせるきっかけになったのではないか……そんな想像が脳裏をよぎる。

請願が出された一八九六（明治二九）年にも意味がある。翌年には国宝制度（旧）が設けられたからだ。請願はそれを知って行われたのか、あるいは請願が制度の成立を後押ししたのか。なお「国宝」という概念もフェノロサが考えたものだ。そして第一号に選ばれたのが十一面観音立像である。それが帝国奈良博物館（現・奈良国立博物館）開設にもつながっていく。見方によっては、庄三郎の嘆願が叶ったのかもしれない。

文化財の保全運動だけではない。土倉家には書画や骨董などの収集物も相当量があった。残念ながらそれらは散逸しているので、いかなる逸品があったのか知る術はない。ただ、川上村に近い高取町の人形店では、春を迎えると店先に「土倉雛」を陳列している。土倉家から引き取った雛人形だそうである。鑑定では、江戸末期から明治にかけてつくられたもので、当時の皇室に納められた人形と同等のものだという。江戸で完成した豪華な衣裳をまとい精密な身体が特徴の古今雛だが、面相には明治らしい写実味が加わっている。

庄三郎が関わった、ちょっとユーモラスな人物とエピソードを紹介しよう。

その相手は、不世出の囲碁名人・本因坊秀栄《ほんいんぼうしゅうえい》である。

秀栄は、江戸時代から続く囲碁の家元・本因坊家の次男だった。林家に養子に出され一三世を継ぐが、本因坊家の後継者・秀策《しゅうさく》が三四歳の若さで亡くなり、跡取りを秀甫《しゅうほ》と秀悦《しゅうえつ》で争い分裂状態に陥った。そこで秀栄が呼び戻される形で本因坊家を一七世として継ぐ。そして稀代の名人として名を馳せるのだが……。

「囲碁史会会報一一号」（平成二二年一月発行）には、庄三郎の関わったエピソードが載る。

明治を迎える前、若き秀栄と秀甫は連れ立って旅に出た。囲碁の世界で知られる本因坊家の二人である。だが美濃、尾州、伊勢と歴遊して大坂に出たところで散財してしまい、有り金がなくなった。奈良の旅館では、宿代を払うまで外出を許されなくなる。

進退窮まった二人は、土倉家に手紙を送って碁客として遇してくれるよう望む。しかし庄三郎は、まさか秀栄と秀甫が宿代に窮するとは信じず本物かどうかと疑ったようだ。それでも二円だけ使いの者に持たせた。窮鳥懐《きゅうちょうふところ》に入れば……というのが庄三郎の器量だろう。宿の主人も、庄三郎の知り合いならよいと、放免したそうだ。

二人は礼を言いに土倉家を訪れたので庄三郎は驚愕したが、碁客としてもてなしたという。とくに秀栄は庄三郎のお気に入りとなり、よく大阪や京都の社交場に同行させている。

土倉家の菩提寺・大滝の龍泉寺に伝わる話では、慶応四年から明治初期の頃、住職が庄三郎と碁盤を囲んでいるときに、余興で土倉家の居候と碁を打つことになった。おそらく秀栄だろう。ハンデとして置石九子《し》から始めて、庄三郎が勝てば一目ずつ減らすというルールだ。結果は、庄三郎がすべて一目勝の九連勝。最初のうちは勝って喜んだ庄三郎も、途中から相手がわざと一目で負けていることに気づき、すっかり無口になったという。

なお庄三郎は非常に囲碁好きだったが、この頃は村内でも囲碁が流行っていたらしい。川上村の記録に、村には碁盤が二二八あり、土倉家所蔵の碁盤は「四方柾《しほうまさ》、線は黒柿、石は白水晶と黒那智で価格は三〇〇円」と紹介されている。四方柾は巨木から切り出さねば出ない木目であり、黒柿とはカキの木の内部にタンニンが沈着して発生する稀少な黒杢《くろもく》である。その黒い部分を切り出して盤上に埋め込んで線とした品とは、とてつもない珍品だ。もちろん白水晶や那《な》智黒《ちぐろ》の石も高価な代物である。

ところで秀栄と秀甫は、朝鮮からの亡命者・金玉均《キムオッキュン》とも仲よくなる。庄三郎が引き合わせたのだろうが、金は囲碁に開眼した。とくに同世代の秀栄とは無二の親友になった。

家門の内紛に悩まされ続けた秀栄は、浮世に嫌気がさしたのか、金が小笠原諸島に送られた際、三カ月に一度の船便で何回も会いに行っている。さらに北海道にたらい回しにされたときも、秀栄は金とともに七カ月間も北海道に滞在した。

金は、秀甫と秀栄に「十番碁」勝負を開かせ分裂した家門を和解に持ち込んだ。五勝五敗だったが、秀栄は秀甫に禅譲し一八世本因坊とした。ところが二カ月後に秀甫は急死し、再び秀栄が一九世本因坊になる。二人は数奇な運命をたどるが、囲碁界に隠された歴史に、庄三郎はこんな形で関わっていたのである。

庄三郎は、文化に関わることのほか社会救済的な運動や寄付なども行ったと伝わる。ただ本人は表沙汰にするのを嫌ったようで、あまり具体的な記録がない。

土倉家では、庄三郎だけではなく父の代にも村内の貧民救済事業を行ってきた。森林火災や水害など災害時に炊き出しを行うほか、働き手を失うなど何らかの事情で貧困に陥った人々の面倒なども見ていたようだ。山仕事の雇用主としても土倉家は大きかった。明治一七、一八年頃に貧民宛に一万円を出した記録がある。さらに二三年、二四年には貧困者各々に金一円白米一斗五升を給付したと伝わる。もっとも度々行っていたので、総額はどれほどになるかわからない。

8 十津川水害の移住事業

大きな救済事業に、十津川《とつかわ》大水害の被災民の救済と北海道移住に関する援助がある。

一八八九（明治二二）年、奈良県の最南部の十津川郷（現・十津川村）を大水害が襲った。八月一八日から二〇日にかけて紀伊半島に接近した台風は、大雨と強風をもたらしたのである。そのため各地で洪水や山崩れが発生した。とくに十津川郷では、一〇八〇カ所もの山腹崩壊による大規模な山崩れが発生し、十津川（熊野川）の谷を山崩れによる土砂が埋めて三七カ所の天然ダムをつくった。さらにこの天然ダムが決壊することで、より大規模な洪水も引き起こし、甚大な被害を生じさせた。河床に堆積した砂礫は平均で三〇メートルの厚さになったという。

十津川郷の被害は、死者一六八人、四二六戸の家屋が全壊、耕地の埋没や崩壊した森林と膨大なものとなる。当時の十津川郷は、北十津川村、十津川花園村、中十津川村、西十津川村、南十津川村、東十津川村の六カ村からなる。人口は計一万二八六二人だったが、生活の基盤を失った者は約三〇〇〇人にのぼった。視察した県の役人は「旧形に復するは蓋《けだ》し三十年の後にあるべし」と記している。その被害の大きさと、山奥ゆえの復旧の難しさを示している。

十津川村は、日本でもっとも広い村として知られるが、歴史的に皇室と関わりがある。古くは神武天皇となる磐余彦尊《いわれびこのみこと》が高天ヶ原から大和に入る際に迂回して通ったルートとされる。また江戸時代を通して十津川郷民は士分を持ち、御所を守る兵を出す代わりに年貢を免除されていた。幕末の天誅組も、五條代官所を襲った後に倒幕のため十津川郷で募兵したことで知られる。

そんな歴史のある土地の被災者を北海道へ移住させる話が持ち上がった。六村の村長による会合が持たれて合意すると、移住者の募集と移住請願書を提出、財産の処分などが急ピッチで進められた。二カ月後には被災者二六九一人（二四八九人説もある）が二隊に分かれて北海道の空《そら》知地《ち》方のトック原野に渡った。そして新十津川村を建設するのである。あまりの早さに驚く。

庄三郎は、災害が起きてすぐに被災民救難のため多額の寄付をしたようだが、この新十津川村移住にも多額の寄付をしている。まず五〇〇円を基本金として支出し、その後新たな村づくりに一万円を出した。これは現在の二億円相当で、個人としては最大規模の額である。この寄付に際しては、手代の杉本勇治を北海道に派遣して、生活用品の購入などを手配させ救済に尽くしている。

なお、この台風の被害は川上郷では軽微だった模様で、川上郷は十津川郷の救援に力を注いだようである。土倉家以外の有力者もこぞって寄付をしたと伝えられる。

それにしても急峻な山村から北海道の原野に移り住んだ人々がどのような開拓生活を送ったのか。極寒地ゆえ冬が近い時期の移住には多くの苦難があったと伝わる。ただ、意外な感想を伝える手紙が近年見つかった。送り主は玉置猪太郎。移住して一年経った頃に、故郷の十津川郷に残った親戚に送られたものである。彼は当時一八歳だった。

「新十津川村ハ今年本道ニ於ても類ナキヨキ作物ニシテ北海道新聞ヘモ記載セラレタル程ナリ故ニ馬鈴薯及黍野菜等ヲ売リテ大金ヲ得タル人モ有之候」。「本村ニモ馬ニ鞭策ヲ加ヘトク走ラセ馬背ニ立チノリスル人モ之レアリ候　近キニ行クニ馬アリ遠キニ行ヤ馬車アリ蒸気船アリキシヤア早キ便リニ電話アリ偖《さて》モ便利之浮世カナ」

初年度は豊作に沸いたようである。また馬車や蒸気船、そして電話のある様子も伝えており、故郷よりも便利だともある。十津川村を初めて出た青年にとって、北海道は大都会に映ったのかもしれない。北海道開拓を担ったほかの地方からの移住者より恵まれていた面もあったのだろう。土倉家もその一助になったはずだ。その後、新十津川村は新十津川町になり（一九五七年、町制を施行）、今や北海道有数の米どころに発展、人口も六〇〇〇人規模と十津川村を超えている。

ところで十津川大水害から一二二年目の二〇一一（平成二三）年九月、台風一二号が紀伊半島を襲い、十津川村は再び大規模な水害に襲われた。こちらは紀伊半島大水害、もしくは紀伊半島豪雨と呼ばれる。

約一週間にわたって雨が降り続き、総雨量は多くの地域で一〇〇〇ミリを超えて、各地で川の氾濫、山崩れなどを引き起こした。奈良県と和歌山県の各地で甚大な被害を出したが、十津川村では一〇〇〇カ所以上の山崩れが発生。孤立集落が多数生まれた。せき止め湖もでき、道も橋も流され電話線などが切断して放送や通信も長く途絶した。

私は、紀伊半島大水害から数カ月後に現地を訪れたが、文字通り山の姿は一変し、巨大な山の半分が崩れ落ちていたり、道路が川に落ちてなくなっていたりした。まさに約一二〇年前に起きた災害と似た状況だったと思われる。

この時に精力的な救援活動を行ったのが、新十津川町だった。町はすぐ職員三人を派遣したほか、五〇〇〇万円を寄付した。さらに町民、議会の義援金、米などを立て続けに送った。そして町長も来村し、被災後も長く支援を続ける。町は十津川村を「母村」と呼び交流していたが、過去を思い出す大災害に駆けつけたのである。

両町村は同じ菱十字のマーク の村章・町章を持ち、現代まで絆を結び続けている。

第4章

国の林政にもの申す

1　本多静六の見た森林事情

明治の中頃、吉野に足しげく通う東京帝国大学の若き助教授がいた。彼が寄宿していたのは土倉屋敷である。

毎日のように山に入り、林業の現場を歩いていた。庄三郎も同道し、植栽、手入れ、枝打ち、間伐など吉野ならではの林業技術を親しく実地に行いながら解説した。彼は、教授になってからも吉野に通い林業を学んだ。学生を連れてきたり、単身のこともあった。

この学者こそ、「日本林学の父」と称される本多静六《ほんだせいろく》である。

世間では庄三郎より本多の方が有名ではないか。私も、本多静六の名は学生時代から知っていた。大学の授業テキストに登場したからだ。彼は膨大な林学関係の書物を執筆しており、著作数は三七〇余冊にもなる。林学の歴史を学べば、どこかに登場する名である。

しかし本多が吉野の庄三郎の元で林業を学んだことは意外と知られていない。庄三郎と対照的な本多の歩みとともに、明治時代の森林と林業政策について俯瞰したい。

本多静六は、一八六六（慶応二）年、今の埼玉県菖蒲町《しょうぶまち》の折原家に生まれた。八人兄弟の六番目である。折原家は、代々庄屋を務める家柄だった。ところが静六一〇歳の時に父が急死し、多額の借金が残された。そのため家族は、各地に奉公に出るなど苦労を余儀なくされる。

静六は、東京へ出た。大蔵省に勤めていた島村泰の書生になるが、一八歳の時、島村に「新たに官立の山林学校ができたが、新時代の専門学を教えるのだし、授業料も寮費も安いから、お前一つやってみないか」と勧められた。（『本多静六自伝 体験八十五年』）

「新たにできた官立学校」とは、東京山林学校である。校長の松野礀《はざま》は、プロイセン（ドイツ）に留学して、エーベルスワルデ官立フォレストアカデミーに学んだ人物である。帰国後は東京市北区に山林局樹木試験場を開設し、八二（明治一五）年同所に山林学校も立ち上げたのだ。

第一期生は五〇人だが、静六の成績は五〇番目。中学校も出ていない静六は、授業についていくのが大変だったらしい。一度落第し、井戸に飛び込み自殺を図ったと本多は告白している。幸い死に至らず、気を取り直して猛烈に勉強を行い、ついに首席になる。

すると在学中に、縁談が持ち込まれた。本多晋《すすむ》（敏三郎）の一人娘銓子《せんこ》である。静六は断ったが、幾度も申し込まれるので「学校卒業後、ドイツに留学させるなら」と条件を出した。本多晋がそれを認めたため、本多家に婿入りして本多静六になった。二三歳だった。

本多は、山林学校卒業後にバイエルンのターラント山林専門学校に留学した。さらにミュンヘン大学に転学するが、その頃本多家が破産し仕送りは途絶える。そこで手元の金で暮らせる二年間で猛勉強して、四年分の大学課程を修了させる荒技を見せた。

帰国後、東京帝国大学農科大学助教授に任命される。なお一八九九（明治三二）年の学位令改正で生まれた林学博士の学位を授与され、日本で最初の林学博士の一人となった。

ここで明治時代の日本の森林事情について触れておこう。

日本列島は昔から緑に覆われていると思われがちだが、幕末から明治にかけて、山は荒れ果てていた。当時の風景画や写真を見れば木の生えていない山がいかに多いことか。

明治初期の禿山《はげやま》面積は百数十万ヘクタールに達する。無立木地は、雨が降ると水はすぐに流れ出し、川が氾濫しやすい。また土砂が流出して河口の港がすぐに埋まった。一方で木材資源が枯渇していたので、造林して林業を振興することも大きな課題だった。

本多は国土緑化と治山砂防に取り組むが、学んだドイツ林学を直ちに日本に応用するのは無理と気づいた。そこで日本の林業を学ぶため訪れたのが吉野である。彼の造林学の著書に日本の現状を「一般的には林学林業のなんであるかを知るものもなく、林業思想はきわめて幼稚、いたずらに濫伐暴採にまかすのみであった」。しかし「ドイツから帰朝した頃に、やや完全に近いと思われる林業は、僅かに大和の吉野と紀州の尾鷲の一部に営まれる」と記す。そして吉野に土倉庄三郎がいることに触れている。

具体的にどのような機会に庄三郎と知り合ったのかはわからないが、どうやら吉野に通って日本の林業を学びつつ、研究資金の援助もしてもらっていたようである。

晩年の記述には「翁より親しく実地の説明を聴きたり。又或る時は、翁の監視の下に自ら刀を取って、間伐、枝打ちを実習せしこと幾回なるを知らず。然して、翁が指導の懇切にして周到、其の所論の卓邁して適切なる、今なほ追憶新たなるものあり」「吉野の造林法と、ドイツの造林学との学理に拠りて、漸く日本の造林学を構成せり。而して、其の吉野の造林法とは、実に土倉翁に就て学び得たるものなり」と記す。

本多は東京帝国大学の教授になって造林学、林学通論を担当し、さらに農学科の講義や演習林の管理まで行う身で、非常に忙しかった。それでも実習と調査を兼ねて幾度となく吉野を訪れ、庄三郎と交わった。ときに学生たちも連れて行き学ばせた模様である。

庄三郎も本多のドイツ留学経験と近代林学に興味を示したが、同時に日本とドイツの森林は違うと、政府の西洋かぶれ的林政に批判的意見を持っていた。

「現行経営の施業案は事実に於いて吾が林業上の羅針盤に適さざるを如何せん。吾が今日国有林相は之を独墺のものに比して恰も汽船と和船の差あるが如し、今二十世紀発達進歩の汽船に要する羅針盤を把て之を旧式和船に適用せんと欲す是れ卓上の空論なり……吾が国の山林之を独墺のものに比して却って勝るものあらん」(『大日本山林会報』)

庄三郎と本多は、お互いの知識見識を披露し合ったに違いない。本多が東京に帰るとき、「先生が間伐された山は、記念林として残しましょう」と約束したそうだ。庄三郎は、ちゃんとドイツ林学を学んだ本多を認めていた。

本多は、講演で森林の環境機能と経済機能は両立すると訴えている。庄三郎も、山林と水が一体であり、林業は国土を守ると同時に国を富ませる技だと説いた。本多と庄三郎の意見には共通の視点がある。本章では、庄三郎が林業界に果たした役割に触れたい。

2 林業の要は搬出にあり

林業と言えば伐採。そんなイメージは強いが、本当に重要なのは、伐った木材の搬出である。伐採だけなら、個人でも可能だ。しかし倒した木を人里まで運べなければ利用できない。動力機械のない時代、丸太の運搬には多くの人力と斜面や川の流れを利用した大がかりな組織、そしてシステムが必要だった。だから林業の要は、木材搬出にある。

庄三郎は、この点を熟知していた。林業に留まらず、経済とは人と物の流通が重要であることを山深い里に住む身として体感していたのだろう。

山で伐り倒した木材を搬出する方法は、古代より「滑り板出し」（修羅出し）があった。山腹に丸太で樋《とい》状の木道をつくり、その上を滑らせて木材を谷底に落とすのだ。木材は、斜面の上から下へは動かしやすい。しかし横に動かすのは、難儀する。

木馬の導入により木材搬出量は飛躍的に増えた（絵葉書）

横への移動は、人が丸太を肩に担いだり引きずったりする「肩上げ持ち出し」「肩上げ曳出し」、あるいは二人がかりで行う「釣り持ち出し」、荷車を使う「地車出し」などの方法が主流だった。これらは非常な重労働であるうえ、生産性が高いと言えない。

庄三郎は、新たな技術として「木馬《きんま》曳き」を採用した。木馬とは、木製の橇《そり》だ。荷台に丸太を積み上げて人が曳くものだ。そのルートに木道（木馬道）をつくる。幅一～二メートルに二本の丸太を平行に敷いたものだ。その上には一定間隔で横木が並べられる。遠目からは森の中を走る鉄道の線路のようだが、木馬は横木の上を引っ張って滑らせる。

肝は木道建設だ。わずかに下り勾配をつけることで木馬は滑って動く。少しでも登りだと滑らないし、急勾配では滑落してしまう。また凹凸のある地形や谷、急崖では、橋のように台座を組んで木道の勾配を一定に保たねばならない。

私は京都北部で行われた木馬《きんま》と木道の復元事業に参加したことがある。木道のルート選定は大変だが、設置は意外と簡単だった。周辺の直径数センチの雑木を伐って、枝葉を払い並べていくだけだ。広葉樹の方が硬くてよいらしいが、ときにスギ丸太も使う。木馬の橇部分は、つるつるに削って滑りをよくする。

私も曳いてみた。積んだ丸太はわずかなのにびくともしなかった。しかし復元を主導した老職人が曳くと、あっさり動いた。コツがあるのだ。私も教わって、木馬をゆすりながら前に体重をかけると、するすると動いた。

吉野の木馬は、我々が復元したものよりはるかに大きく、積む丸太も太くて本数も多いはずだ。木馬を曳く写真では背丈以上の高さに太い丸太が積まれているものもある。重量は一トンを超えるだろう。それでも下りだとゆっくりと滑る。動きにくくなると、横木に油を垂らし、橇を滑りやすくする。止めるときは木道に垂らされたロープを橇の舵棒に巻きつけてブレーキとする。もし暴走させると、曳き手もはね飛ばされるから命に関わる。

現在の感覚では、人が丸太を積んだ橇を曳くのは重労働と感じるが、当時は画期的な方法だった。一本ずつ肩に担いで運ぶのと比べるとはるかに楽で、輸送力は数倍になった。木馬は、木材搬出の革命的新技術だったのだ。

木馬の発祥はどこか、誰が発明したかはわからない。ただ一八九四（明治二七）年に庄三郎が高野山で試した記録がある。その後吉野にも導入されたらしい。どうやら吉野で最初に採用したのは庄三郎のようだ。そして吉野から全国に広まった。

吉野では、昭和三〇年代まで使われていた。曳き手にとっては重労働で危険だったが、給料もよく山仕事の花形だったそうだ。庄三郎の遺産とも言えよう。

丸太を谷まで下ろすと、次は水を利用して流した。丸太を一本ずつ流すのは「管流《くだなが》し」という。水の少ない川や渇水期には、川に堰をつくって水を溜め、そこに丸太を浮かべたまま水門を開いて、溢れる水の勢いで一気に流す鉄砲堰もあった。

流しやすくするため、浅瀬の浚渫《しゅんせつ》や屈曲部の岩を削るなど川の改造も行われた。吉野川では、一六六一（寛文元）年に川上郷のもっとも下流である東川《うのがわ》字滑で河川改造が行われた。その後も上流・支流へと整備が進められ、一七五三（宝暦三）年に源流地域の入之波《しおのは》に達した。また小川郷（現・東吉野村）の高見川、黒滝郷（現・黒滝村）・西奥郷（現・五條市西吉野）の丹生《にう》川も河川改造が行われた。吉野川の清流も、数百年にわたる人々の営みが形を変えてきたのである。

一八七〇（明治三）年、庄三郎は政府から水陸海路御用掛を命じられた。文字通り陸と川と海の交通路の整備を行う役職だ。政府は地方の有力者に命じて交通網の整備をさせたのである。庄三郎は、七三年に川上郷水陸海路会所を設立した。川上郷の水路や道路を整備するための組織である。この年に一万五〇〇〇円を出費したと記録に残す。

筏を流せるよう岩を削った割滝のルート（絵葉書）

庄三郎は、川上郷北和田から宮滝までの八里（約三二キロ）を二年の時間と多額の費用を費やして、川を浚渫し川幅を広げる工事を行った。吉野川に筏を組み大量に流せるようにするためだ。筏を使えば、流す量を増やせるとともに流す方向を操作できて丸太に傷がつきにくくなる。それは価格にも大きく響く。

吉野川は、大滝の土倉家の門前で屈曲しており、大きな岩が多い。そこで岩を削り流れやすい水路を開いた。重機もダイナマイトもない時代である。ノミとゲンノウで岩を穿つのだ。火も使うという。岩を熱して割れやすくするそうである。労力も費用も莫大だったろう。その部分は、「割滝《わりたき》」と呼ばれている。

私も割滝の部分に行ってみた。大滝集落からは川の対岸に当たるので、ゴムボートを使って渡る。近年は大滝ダムの完成で水位が下がったため、通常は水に浸かっていないが、幅四～五メートル、深さは二メートルぐらいの水路だ。よく見ると削岩機の跡が見つかった。明治以降も機械を導入して拡張し続けたのだろう。

庄三郎は、工事費用を捻出するため木材商人が流す筏の量に比して「床掛銀」を徴収したが、土倉家自らの負担も大きかった。しかし木材の流下量が増えれば、必ず土倉家にも利をもたらす。木材の搬出が林業の要であることをよく理解していた。

3 日清戦争と年々戦勝論

一八九四（明治二七）年八月一日、日本は清に対して宣戦布告した。日清戦争の始まりである。（戦闘は七月二五日より始まっていた。）

日本にとって初の近代的な対外戦争だが、それは経済力の戦いでもあった。庄三郎も、日本陸海軍に五〇〇円ずつ寄贈し、軍事公債を二万六〇〇〇円分引き受けている。

翌年三月に下関で講和会議が開かれ、四月一七日に日清講和条約が調印された。主な内容は、清は朝鮮が独立国であると認めること、遼東半島・台湾・澎湖諸島の日本への譲渡、賠償金二億両《テール》（後の遼東半島の返還の代金と合わせると三億六〇〇〇万円相当。当時の日本の国家予算に匹敵する）、日清通商航海条約の締結、新たに沙市、重慶、蘇州、杭州の四港を開港……などである。

ところがロシアは、遼東半島が日本に割譲されることに異を唱えた。そこに露仏同盟を結んでいたフランスと、ロシアの注意をアジアに向けたいドイツも参加して、日本に遼東半島を返還するよう要求した。世にいう三国干渉である。

当時の日本には、三国に対抗する力は残っておらず、干渉を受け入れざるを得なかった。日本国民は憤激した。折しも戦争後は物価高騰と生活物資の不足が顕著になり、不満が鬱積していた。三国の高飛車な干渉に屈した屈辱を晴らすため「ロシア撃つべし」との声が沸き起こった。「臥薪嘗胆《がしんしょうたん》」という言葉が国民の合言葉となって、国を挙げて富国強兵に努めることとなったのである。

そんな中、庄三郎は、後に「年々戦勝論」と呼ばれる意見を唱えるようになる。

この論は、まとまった文書などで発表したものではない。各地を遊説する際に、話した内容をまとめて「土倉の年々戦勝論」として世間に流布したものだ。

ここでは一九〇二（明治三五）年に広島市で行われた講演の筆記録から紹介しよう。

庄三郎は、まず植林し、間伐しつつ木材生産することで、どれほどの利益が上がるかという説明を具体的に繰り返している。そのうえで、

「極端かもしれませんが、ことによったら戦勝より上かもしれないと思うのであります。日清戦争の賠償金が何程かというと、一億両であり、遼東半島を返したことで五〇〇〇万両です。

この一億五〇〇〇万両を取るためには、前後五年かかっています。これを日本の金貨に直すと三億円です。この三億円を得るため五年かかったと見ると、一年で六〇〇〇万円しかならないのです。それに加えて我が同胞兄弟の壮年の士が幾千人が討ち死にしており、清国の人間は万を数える程討ち死にしています。次には砲塁を壊し、軍艦を壊し、後に取ったものも、三国の干渉を受けたということであります。地上の利を立派に取得すれば、都合よく行きますれば、年に二返も三返もそのくらいの金は得られると思うのであります。もう一つ極端にそれを論じましたならば、日本くらいの国を二つくらいを取ることができはすまいかと思います。それには弾丸も必要なく兵隊もいらない、行政官も出すに及びません。また武官をして守らすことも及びません」。(現代仮名遣いに直す)

賠償金は現在知られている額と違うが、戦争では莫大な軍事費を費やし、ようやく得たものは他国の干渉で返させられる、また多くの兵士の死は日清両国の人材を失うことを意味する……と訴えた。それよりも荒野のまま放置された山に木を植えて沃野に変えれば、巨万の富を博すことができる。毎年、戦勝して賠償金を得るのと同じだとした。

庄三郎を国士的な人物と見る向きもあるが、むしろ経済的視点を持つ合理的精神の持ち主とするべきだろう。仮に領土を増やしても、その経営や護持のためにかかる経費まで計算した。その負担を考えると、むしろ国内の開発が重要と訴えた。

当時の列強諸国は植民地の獲得に熱心だったが、後の研究では、各国の植民地経営では、得られた利益より費やした軍事費やインフラ投資額が高くついたと指摘されている。また日清戦争も、日本は軍事的には勝利したが、外交、経済、人材、社会混乱などを含めると損失が多かったとする研究もある。庄三郎の指摘にも一理あるだろう。

同時にこの時代の木材の資源的価値は、非常に高かったことも読み取れる。木材は、建物や紙の材料に留まらずもっとも汎用的で欠かせない素材だったのである。だから木を増やすことは国を富ませること。そこで「富国殖林　殖林救国説」という言葉も使われた。植林こそが国を富ませ国を救うというのだ。これは「年々戦勝論」にも通じている。

大滝を訪ねた山県有朋は、『地道敏樹』と揮毫した。『中庸』の一節で、(人には政治が必要であり)土地には樹木が必要である、の意だ。そして栃木県に約七五〇ヘクタールの山林を所有した。庄三郎の提言を受け入れたのである。

すでに木材需要は明治初年時の三倍以上に膨らみ、木材輸入も増加していた。木を植えて木材を自給し、さらに輸出することで国を富ませるべきと庄三郎は言い続けた。

また別の講演だが「労働者たる彼の下層の人民を騙りて海外の移住出稼ぎを奨励しつつあるが如きは吾人其意のある所を知るに苦しむものなり」と北米や南米への移住奨励策を批判した。彼らの三分の一は異国の鬼となってしまうので「此等の移住民は寧ろ国内に於て林業労働者として用ふるの優れるにあらずや」と人材の活用を説いた。

領土拡大や海外移民を諌め、国内産業の充実に力を注ぐべきとしたのである。

4　博覧会に出展した巨大筏

一八九〇（明治二三）年、第三回内国勧業博覧会が東京の上野で開催された。庄三郎は、この博覧会に吉野の産品を出品した。その出品物が只事ではない。吉野川に流す筏の実物を展示したのだ。長さは約六〇メートルにも及ぶ。

小さな見本を並べるだけでなく、動的な姿を見せる。そうした展示は、現在の博物館などではそこそこ行われる手法になってきたが、明治時代には画期的だろう。

しかも出品物は筏だけでなく、巨木を誇示するかのような木材が並ぶ。同時に細い間伐材も商品になることを示している。

1. 一三床の筏
2. 一一床の筏
3. 垂木　一五年生
4. 洗丸太（磨丸太）　四〇年生

5. 樽丸（樽、桶の部材）　一二〇年生
6. 杉打割物　一五〇年生
7. 杉酒桶樽　一四〇年生
8. 松柾　一四〇年生
9. 栂柾　五〇〇余年生

なぜ庄三郎は、こんな出展をしたのか。その前に、日本にとって博覧会がどんな意味を持つか再確認しておきたい。

博覧会は、欧米で発達した。珍奇なものだけでなく、最新の技術やその製品などを展示して、世間に広くアピールすることで産業振興につなげようという狙いがあったからだろう。最初の博覧会は、一七六一年のロンドン。そして一八五一年に第一回国際博覧会（万博）が同じくロンドンで開催されている。

岩倉遣欧使節団一行は、一八七三年のウィーン万国博覧会を視察した。明治新政府が初出展していたからである。この時の工芸品が、後に芸術の世界にジャポニスムを生み出すきっかけとなっている。だが使節団一行は、博覧会そのものに衝撃を受けた。とくに大久保利通は、産業振興のため日本でも博覧会を開催する必要性を痛感したという。

そこで七七（明治一〇）年、東京の上野を主会場に八月二一日から一〇二日間にわたって「内国勧業博覧会」が開催された。これが日本で初の大がかりな博覧会だ。寛永寺本坊跡に煉瓦造りの美術館が建てられたほか、東本館と西本館、機械館・園芸館・農業館など六地区が設けられ、各府県から八万四〇〇〇点に及ぶ出品が寄せられた。場内に蒸気機関車が走り、装飾ガス灯や紡績機、大時計台、アメリカ式風車などが並んだ。「文明」を視覚で直接訴えたのである。来訪者は四五万人を超えた。

政府は、八一（明治一四）年に二回目を上野で一二二日間開いた。入場者は八二万人に達した。三回目は八五年を予定していたが、不況などの影響で九〇（明治二三）年に延期された。

庄三郎はここに目をつける。内国博を通じて林業と木材の宣伝をしようと考えた。しかも吉野林業を、インパクトのある見せ方で知らしめようと、筏の実物展示を思いつくのである。

それは、単に吉野材の売り込みではなかった。出品解説書には、長文の庄三郎の文章が載せられており、彼の思いが直に伝えられている。

「這回吉野材木桴出品ノ大要ハ吉野郡ニ於テ古来ノ経験ニヨリ吉野川ニ乗流スル杉檜桴ノ便ヲ示シ以テ内地各国有志諸君ノ参考ニ供シ山林及ビ運輸ノ便ヲ改良ナラシメンコトヲ冀望スレバナリ」（桴とは筏のこと）

吉野は、日本の林業の指導的地位にあることを宣言したのだ。自信満々である。だから解説書は、博覧会出品物の説明というより吉野林業そのものを解説している。スギ、ヒノキの選種や種子の培養、獣害・風雪害からの予防、育林の技術まで詳説し、また吉野川を古くから浚渫《しゅんせつ》し、岩を破壊して流送を容易にしてきたことを述べる。

長さ三〇間、幅八尺の筏を、吉野より和歌山港までの行程約二〇里を乗夫一人にて往復一〇日かからず、しかも運賃は四円で足りる。筏の上には板や樽丸、磨丸太などの商品を積むから、船で運ぶ三分の一の運賃で和歌山港に運べる……と吉野川の流送の優れた点を列記し、他県の筏流送の組織と同日に論じるまでもない、とまで記す。

注目すべきは後半だ。静岡県や栃木県、群馬県などの山を見て歩いたが、土地は豊饒なのに雑草が繁茂するだけで山林が少ない。それは樹木培養法と木材の運搬方法が拙いからである。しかし静岡県下には大井川、安倍川、天竜川、富士川の四大河があり、栃木県下には大阿川(那珂川)、絹川(鬼怒川)、群馬県下には利根川、渡良瀬川、吾妻川《あがつまがわ》がある。いずれも(下流に)都会を擁しており販売先は容易に見つかる。関東では、スギ材を熊野に求め、ヒノキは木曽に依存しているが、地元でも良材の生産ができるのだと訴えた。

熱烈に林業振興を語り、山林による富国を説き、吉野式の林業を取り入れることで「汎ク日本全国有志者ニ対シ養林事業ヲ奨励シ進ンデ国家富強ノ基礎ヲ後年ニ求メント欲スル所以也」と、日本を豊かにする思いを述べている。

とはいえ、簡単に出品できたわけではなかった。

奈良県庁に「土倉庄三郎桴出品ニ付往復文書」が残されている。博覧会前年に、大滝村と奈良県庁、郡役所、第三回内国勧業博覧会事務局出品課などの間に交わされたものだ。

大滝村からは「杉丸太四五本陳列シタルノミニテハ衆人ノ着目スルモノナク徒ニ通過セラルルトキハ折角ノ出品モ何ノ功績モナク遺憾……」と巨大な筏展示の必要性を訴えており、郡役場は「何分吉野郡川上木材ハ今回同郡出品中最モ重ナルモノニ付」運送費などを支出してほしい旨、通知している。

一方、博覧会事務局からは「巨大ニシテ陳列之場所無之ニ付右ハ図面或ハ雛型ヲ以テ出品相成候」と、模型や図絵で済ますよう申し入れている。それに対して「必ズ会場建物内ニ陳列ヲ求ムル義ニ無之何レ公園内樹間ニ屈曲ニ列ネ恰モ山中谷川岩石ノ間ヲ流下スルニ擬スルノ心得ニ有」と施設内ではなく、公園内の木々の間に展示することを提案した。長さ数十メートルもの一三床の筏が樹間に身をうねらせていたら、かなりの迫力だろう。

各文書には「吾川上郷ノ従来桴組立川下リノ現状ヲ該地方ノ当業者ニ広ク相示シ修得ハ幾分乎感動ヲ与ヘ自然国家ノ利益ニモ可相成……」「出願人頗ル熱心ニシテ当業者に感動ヲ与ヘ自然国益ヲ謀ラントノ念慮ナル趣ニ付テハ構内於テ何レカ繰合陳列之都合ニ取計可申……」などと、関東地方の山林との違いを示そうという意欲が漲《みなぎ》っている。

博覧会は、三月二六日にオープンした。海外の出品物も同時に展示され、五月から東京電燈会社が会場内に路面電車を走らせたり、上野不忍池周辺で臨時競馬会を開催したり、毎週奏楽を催すなど集客に工夫を凝らしていた。

会場地図を見ると、農林館は博物館の近くにあり、その横に「筏陳列所」があった。木々の間に展示することは叶わなかったようだが、ちゃんと並べられている。また面した中庭には噴水などがあり、「山林用財苗木」が植えられていた。なお目録には、農林館に庄三郎個人の出品として「打割一本竹」が展示されたとある。入場者数は一〇二万三六九三人と、内国博として初めて一〇〇万人を突破した。巨大な筏も、彼らの目に映っただろう。

博覧会後には、出品物に褒章が与えられた。庄三郎の出展した木材一五品、筏二艘に関しては「一等有効賞」が授与された。そこには「常ニ力ヲ林業ニ尽シ植伐宜キヲ得テ年々多額ノ良材ヲ算出シ且意ヲ運材法ニ注ギ益世ノ需要ヲ充サンコトヲ勉ム真ニ林業者ノ模範タリ」という文言が添えられている。出品物への褒章だけではなく、それらを育ててきた林業者も顕彰しようという審査の意図が感じられる。

なお第四回内国勧業博覧会は、一八九五（明治二八）年に京都の岡崎で開かれている。記録は見つからなかったが、農林館もあるのでこちらに林業展示はあったと思われる。

一九〇三（明治三六）年には第五回内国勧業博覧会が大阪市で開かれた。会場は天王寺（現在の天王寺公園）のほか堺の大浜公園を第二会場とした模様だ。来場者は五三〇万人にもおよび、出展数や敷地面積は、内国勧業博の中でも最大規模だった。林業館も設けられ、吉野林業の展示もあった。また木材見本のほか木炭、シイタケ、樽、それに銃器も展示されていたらしい。銃床には硬い木材が必要なことから、重要な産品なのだ。なお唯一の外国館であるカナダ館でも、木材展示があったという。さらに台湾からも出展があった。

庄三郎は、なぜ博覧会への出展にこだわったのか。単に派手なことが好きだったのではなく、経済は流通とともに広報が重要だと理解していたからではないか。

河川改修、道路開設、奥山の開発と庄三郎が手がけた事業の多くは、吉野からの木材搬出を進めて大量・安定供給を可能にせしめた。また山里の物資輸送にも役立てた。これらは、山村だけでなく町の経済を活性化した。

一方で博覧会などを通じて吉野の森と木を知らしめることに注力した。物品の売買を行うには、世間にその価値を知らしめることが重要だと確信していた。情報の重要性をこの時代から気づいていたのだろう。それは単に個々の取引に留まらず、吉野の山林価値を高め、土倉家の財産も増やしたことはあきらかだ。

情報と流通を制した庄三郎は、やはり近代林業のパイオニアと言えるだろう。

5 『吉野林業全書』の刊行

一八九八（明治三一）年、『吉野林業全書』が出版された。

『吉野林業全書』表紙

原書は全四五〇ページ、すべて毛筆書きの石版刷り。開けば目に飛び込むのは、豊富な挿絵だ。その数一〇二枚。また一〇枚の写真も掲載されている。

吉野の地形やスギとヒノキの生長具合に合わせた作業を示す図画、また林業道具の数々のイラストが並ぶ。種子の採取から苗木仕立て、土質の鑑定とスギ・ヒノキの苗の植えつけ、修理（除伐、間伐）など育林技術のほか、山守制度の説明や伐採方法、製材法、樽丸などの加工法と木材生産、そして材木の運搬方法に市売り……まさに山から市場まで吉野林業を丸ごと紹介している。

著者は、森庄一郎。表紙には「侯爵山縣有朋公題字」「子爵品川彌次郎公題字」「奈良縣知事水野富次郎君序文」などに並んで、「土倉庄三郎君校閲」と添えられている。校閲にはもう一人、「ドクトル林學博士中村彌六君」の名もある。

て丈け伸長せす枝節多く木理疎大にして恰も桐樹の木理を見るか如く
木質疎悪木品劣等なり且つ植付后間伐少なきを以てそれ利益少なき
のみならす良材となり得へきものも優勝劣敗甚しく却て多く此枯損木
を生しそれ利益の少きこれを密植よりも甚し而して其の少数の立木を
養成するに廣大なる地面を要すれとも幾むと天然生の山林に同しく其
法の宜しきを得たるものにあらす故に我地方の如く一坪に三本乃至
四本植る法は僅に地味を斟酌して植付せても修理等も格別手数を要せす
而して植付后十四五年より百年まてに成木を見計らひ漸次十二三回
の間伐を為せとも此収益少しとせは又百年の後大木の良材を産出する
こと信して疑をさる所なり尤も我地方の杉檜立木も地味に適合する特
産物なりといへ人為上殖産培養に力を尽し能くその法を得るときは幹
直く丈長く木理齊整して枝節少なくその用多くそれ價極めて高し之
れ天下に比類なき名聲を博する所以なり

『吉野林業全書』は豊富なイラスト入り（杉檜混植法の項）

土倉祥子の『評伝』によると、土倉家文書には『吉野林業全書』の出版元、伊藤盛林堂発行の五〇〇〇円の領収書が含まれていたそうである。つまり庄三郎が本の制作費を出したわけだ。また内容が精緻な林業技術に及んでおり、庄三郎の伝える内容と一致することから、実質的な執筆者は庄三郎本人だと推定している。その点を検証してみよう。

まず森庄一郎とは何物だろうか。祥子が土倉家の親族に聞き取りしたところ、川上村北和田生まれで、酒や醤油の小売商だったという。ただ商売は主に妻女に任せ、本人は一八八四（明治一七）年以来、土倉家の三番番頭として勤めていた。庄三郎在宅時は、書記のような仕事をして旅行にも随伴し、身の回りの世話をしていた……という。

だが『吉野林業全書』の緒言には、森は山口県知事の招聘を受けて、同県を巡回して吉野式の植林方法を教えたことが記されている。

『吉野林業全書』を研究した加藤衛拡によると、森庄一郎は一八四六年生まれで、庄三郎より六歳若かった。資料に初めて登場するのは、八二年の吉野木材方から堺県に宛てた開産金取扱に関する上申書で、庄三郎などとともに木材方惣代の職にあったことが記されていた。また同年に森家が土倉家に山林を売却した記録がある。

九四（明治二七）年に川上村の特別税徴収の請願のために資料をまとめている。そして庄三郎とともに上京した委員の一人だった。また明治末から大正にかけては、北村家の山林を預かる山守も務めた。晩年は島根県安濃《あの》郡大田《おおだ》町（現・大田市）で林業技師を務め、一九一四（大正三）年に『実用重要樹造林の栞』を出版した。その二年後、結核を病んで郷里に帰り七〇歳で亡くなっている。

こうした情報を総合すると、森庄一郎は、若年時は川上村の山主であり林業家であり、吉野林業に精通していた。そして文才に長け、林業の講師として活躍したようだ。つまり森自身が吉野林業について知るところを執筆したと言える。

もちろん校閲に庄三郎の名があるとおり、庄三郎も『吉野林業全書』の内容に意見したはずだ。題字や序文に政界の大立者を並べることができたのも、庄三郎人脈のおかげだろう。なにより出版費用を負担している。両者は、ともに吉野林業を全国に広めるため協働した関係ではなかろうか。

江戸末期から明治は、日本史上もっとも山が荒れた時代だった。しかも木材需要は爆発的に増えている。そのため森林保護や植林熱が高まった。一方で日清戦争後の不況の中、「年々戦勝論」のように新たな国家目標を求める声が高まっていた。荒れた国土を緑で覆い、経済のみならず防災や環境にも強い国をつくるという目標は、人々の心を捉えたのだろう。

その範となったのが、吉野林業だ。その技法やシステムの解説が求められていた。だから『吉野林業全書』は、期待に応える出版だったのだ。

吉野林業を最初に世に紹介したのは、一六九七（元禄九）年発行の宮崎安貞の『農業全書』である。農作物だけでなく樹木に関しても三章あり、その中で吉野林業に触れている。明治になると続々と吉野林業に関する出版物が出始めた。まず田中壌の『和州吉野郡造林方論』、北村又左衛門の『山林共進会報告』などに簡単な紹介が行われた。その次に盛口平治の『吉野林業法』、さらに庄三郎が執筆した第三回内国博覧会の『出品解説書』がテキストとして世に広まった。

一八九一（明治二四）年には高貝儀三郎の『吉野名産杉桧栽培解説書』、翌年に林野官僚の村田重治がドイツ林学の視点で『大和国吉野郡林業一斑』を記した。この書は吉野を訪れて庄三郎から説明を受けたものを書き留めたものである。望月常も、造林技術から林産物利用まで網羅的に記した『吉野森林論』を出版した。

そんな吉野林業の技術書出版が相次ぐ中、集大成として出されたのが『吉野林業全書』なのである。しかも写真と図版を多用して、誰もが理解しやすい体裁だ。これまでの書籍、冊子類はほとんど文字ばかりだったのである。

改めて目を通すと、吉野林業を語ることは吉野の民の生活に触れることだと感じさせられる。林業技術とは、人が行うものなのである。伐り出した丸太の運び方、樽丸などへの加工まで図解入りで描かれるとともに作業する人々の姿が活写されており、山に生き、山に暮らした人々の息吹が伝わってくる。

ところで一カ所考察を深めたい記述がある。総論に「吉野郡に於て、人工造林を創始した年度を、地区別に列記してみる」とあるが、気になるのは次の項目だ。

川上郷　三百九十八年前（文亀年間）
黒滝郷　三百年前（慶安年間）
西奥郷　二百七十年前（寛永年間）
小川郷　二百八年前（元禄年間）

この記録が、川上村を日本一古い育成林業地とする根拠になっている。木を植える行為は『古事記』にも記載があるが、林業（木材生産）のため森づくりを始めたのは、川上村が最初とされるのだ。原著の出版された年から起算すると、三九八年前は西暦一五〇〇年。文亀年間は、一五〇一～〇三年である。ただ、元資料は何かわからない。また黒滝郷（現黒滝村）を慶安年間としているが、出版年から三〇〇年を遡ると一五九八年であり、慶長年間（一五九六～一六一五年）なのだ。慶安年間は一六四八～五一年であるから、慶長の誤記と思われる。こうした記述から吉野林業の出発点を探れないだろうか。

いずれにしろ『吉野林業全書』が全国の林業地に与えた影響は大きかった。吉野林業が、林業の規範として名実共に世間に知られる大きな役割を果たす。そして各地に吉野式の林業が試みられた。庄三郎も全国を行脚して吉野林業の技術を広めたのである。

6 国に突きつけた『林政意見』

『吉野林業全書』出版の翌一八九九年、庄三郎は中邨彌六《なかむらやろく》林学博士（当時、衆議院議員）と連名で、『林政意見』という冊子を出版した。表紙に「岡野俊造筆記」とあるから、二人の談話をまとめたものだろう。中邨は中村とも表記する。奥付に明治三二年五月二五日発行（非売品）と記されている。庄三郎が自費で出版し、関係者に配ったようである。

この意見書は、政府に林政の見直しを迫る激烈な内容だ。冒頭で欧米とアジア諸国を比べて、前者は国力をますます増強しているのに対し、後者は最古の歴史を持ちながら天産物の十分な利用ができず国運を発達させていないと嘆く。そして「帝國林政ノ革新策ヲ講シ漸次他ニ及ホサント欲ス」と記すのである。

おそらく『吉野林業全書』の出版などもあり、全国的に林野の開発と植林熱が高まってきたにもかかわらず、政府は林政に関して無策という思いが強かったのだろう。

中郎は、長野県出身で一八五四（安政元）年生まれだから、庄三郎より一四歳若い。東京で教師を務めた後に内務省地理局に入り、林学に開眼する。ドイツのミュンヘン大学に留学し、帰国後は東京山林学校の教授になった。本多静六は当時の教え子だ。九〇年に官を辞し、翌年郷里より衆議院議員に当選する。庄三郎との親交は深かった。

『林政意見』の内容を追ってみよう。まず国土三五〇七万二九四八町歩（台湾を含まず）のうち、田畑宅地は五三九万一七〇九町歩、山林原野は二七五〇万六八四一町歩である。山林を開発すれば富は無限であり、わが国は天賦の山林国だとする。

しかし政府は山林事業を放擲《ほうてき》している。木材不足は深刻化し、外材を輸入して巨額の国費を流出させているだけでなく、禿山は年間一万数千町歩ずつ増加している。それが旱魃《かんばつ》や洪水を引き起こし、甚大な被害を出している。植林面積は、年平均一三四〇町歩にすぎない。これも火災や風水害、誤伐で痛めつけられて、国有林は年々数千町歩ずつ減耗している。

そこで訴える政策は、まず禿山を「大いに植林を断行して完全な山林とする」。そして「深山幽谷に死蔵される天富の原生林を利用する」と訴える。この時代は里に近い山は無立木地になったが、奥山にはまだ未開発の原生林が残されていた状況がわかる。

注目すべきは、国有林の解体論だ。「現今の国有林野を分割し、一部を国有とするほか、府県郡村の法人、個人に売却する」。

国有林の多くを主に地方自治体に売却し、森林を基本財産として自治体の財政力を堅固にすべきとした。より山に近い自治体に任せた方がよりよい経営ができる。それが林業のためになり、貧民に生業をつくることにもなる、とした。

「山林土木の両政務を合わせて山川省を置き、全国の山林河川の業務を統一する」

山川省の設立もユニークな発想だ。川を治めるためには、山を治めねばならない。しかし担当官庁は、川が内務省、山が農商務省に分かれている。そこで山と川を一体に扱う省庁を設けるよう提案したのだ。現在でも河川は国土交通省所管で、森林は林野庁が管轄するが、その縦割りが何かと齟齬《そご》を生んでいる。一〇〇年前から続いているのだ。

そのほか、天然林施業（伐採跡地を放置し、天然林にもどすという考え方）がいかに無謀の極みかと唱える。無学の林野官僚の多いことを嘆き、専門教育を受けた官僚を増やす必要も訴えている。また外材輸入を減らし、国産材の輸出も提案した。二一世紀に入って中国や韓国への国産材輸出は強まるが、一〇〇年早い構想であった。

全体を通して、統計の数字を基に経営面から論じている。そのうえで統治機構を問題とし、森林こそが日本を支えるという気概と国家百年の大計を唱えているのである。

残念ながら、『林政意見』が政府を動かすことはなかったようだ。三年半後（一九〇三年）、庄三郎は「再ビ林政ノ刷新ヲ論ズ」という論文を大日本山林会報に発表した。

まず冒頭に「森林事業ハ依然トシテ甚ダ振ハズ」「幕府時代ノ形況ニ比シテ寧ロ退歩荒廃」していると記し、「山林原野ヨリシテ毎年巨億ノ利ヲ生ゼシムルハ決シテ難事ニアラズ」。その証拠は「吉野地方ノ実績及ビ自家ノ経験ニ徴シテ堅ク信ズル所ナリ」だとする。吉野川流域の造林地は約三万町歩内外だが、そこから毎年産出しているのは、木材価格にして一〇〇万円内外、一年で町歩ごとに四〇〜五〇円以上の利を生じさせているところも少なからず、という。

そして『林政意見』を著して林業の改良を促したが、「不幸ニシテ微意未ダ世ノ諒スル所ナラズ」。『林政意見』に対する政府の反応が冷たかったことが読み取れる。庄三郎は「今ヤ年已ニ六十ヲ越ヘ、幸ニ父祖ノ余恵ニ頼リテ略々一家ノ生計ヲ維持ス。復タ何ゾ求ムル所アランヤ。但タ斯業ノ為一片国ニ尽サント欲スルノ志」と記している点から、土倉家は国有林の払い下げを狙っている、といった誹謗の声があったのかもしれない。

内容は、『林政意見』と重なる部分が多い。「目下ノ急ハ無立木地ニ造林シ及ビ従来不整錯雑ナル劣等樹種ノ天然林ヲ改良利用スルニ在ルコト勿論ナリ」。そして従来の成績は失望せしむ、と記す。造林面積を数倍に増やさないといけないと説くのだ。

注目したいのは、「地方林業ノ発達ヲ謀ルヲ要ス」の項目だろう。改めて国有の不要林野を地方自治体に譲ることを訴えている。政府がいかに鋭意しても、七〇〇万町歩の国有林を独力経営して改良造殖するのは不可能だというのだ。たしかに戦後の国有林会計は、二〇世紀末に三兆円を超える赤字を抱えて、国有林野経営を実質的に破綻させた。何より中央から画一的な林業政策を地方に突きつけたため、現場の実情に合わずに山林を痛めつける結果に陥った。何やら庄三郎の予言は的中したかのようだ。

自治体に森林を割与しても、経営する資力や人材があるのかという声に対して、地方を侮るな、もし森林経営のノウハウが足りなければ自ら各地を回ろう、と反論する。

さらに各府県に森林行政機関を設けることを提案した。「国家巨億ノ富源ノ消長ニ関スル」として、国民納税者の一人として政府に対してこの問題の講究を要求する権利があると信じる、もし主務大臣が森林の利益を詳しく知らないのなら、吾に聞かれよ、あるいは知りて顧みないのだとすれば、吾にその理由を詳しく示せ、と激しい。

そこには政府の林政に対する苛立ちと失望が感じ取れる。唱えていることの多くが現在の林政にも通じるのは皮肉である。

7 大日本山林会の吉野視察

一九〇〇年前後、庄三郎は各地に植林を進める一方で、講演を多くこなしている。

庄三郎の講演録を読み解くと、海外視察の話が出ている。一九〇二（明治三五）年四月に広島で行った講演で、木材の輸出の売り先に四億の民のいる中国を指摘している。

「支那ヲ視察シテ何心ナク鴨緑江ヲ流ス材木ヲ見ルト膽《きも》ヲ潰ブス丈ケ澤山御座ヒマス大キナ筏ヲ作ッテ澤山流シテ居ルカラ一旦ハ膽《きも》ヲ潰ブス様デハアリマスガ退ヒテ其費消シテ居ルモノカヲ取リ調ベルト四億万ニ對シ割リ當テルト云ウト誠ニ僅少ノモノデアリマス」

これを字句どおり読めば、実際に鴨緑江を眺めたことになる。庄三郎は大陸に渡ったのだろうか。前年の大日本山林会報に載った講演録に「余は支那視察委員の派遣を欲すること久しかりしも、その機を得、たまたま小室氏の渡清に際し、視察を依託し」という言葉も見える。自分が行ったのではなく、視察を依頼して報告を聞いたのだろう。

大日本山林会は、一八八二（明治一五）年創立の日本で最も古い林業団体であり、現在も公益社団法人として継続している。庄三郎は特別会員の立場だった。九九（明治三二）年には奈良で大日本山林会第一二回総会が開かれた。その際の庄三郎の様子を紹介したい。林業界における庄三郎の晴れ舞台であったからだ。

山林会の総会は、それまで東京で開催していたが、出席者が近在の林業家のほか東京の森林官や学生に偏ってしまう。そこで地方で行うよう声が高まった。

すぐ奈良が立候補した。当時の大日本山林会の会員総代が、吉野林業の一方の雄・北村宗四郎だったせいもあるだろう。開催は七月一六日。奈良県会議事堂を会場に、会頭である伏見宮《ふしみのみや》貞愛《さだなる》親王が議長を務めた。伏見宮は、当日の朝京都からお召し列車で到着する。会員一同が奈良停車場のプラットフォームに整列して迎えたという。

総会の出席者は二四五名で、奈良や大阪のほか、広島から三〇人、岐阜一六人のほか北海道からも来た。全国から参加者がいた模様だ。事業報告や会計報告、各来賓などの挨拶・祝辞、有功章贈与式に続いて、講演が行われた。演者の多くは林学博士や法学士だが、庄三郎も林業経営者として行っている。その演題は「天然林と人造林との比較実歴談」。吉野の林業事情を説明しながら、天然林のままだと価値が高まらないことを示しながら、収益の上げ方を数字によって具体的に語っている。

総会は午後五時半に終わり、奈良倶楽部で夜会が開かれた。そこでは本多静六、川瀬善太郎両博士による幻灯（スライド映写）を交えて、北海道や台湾、中国福建省の森林・材木業の状況などが紹介された。奈良にある一二の旅館は、総会参加者であふれたという。

散会後に一四〇人あまりが吉野に森林視察を行った。今風に言えば学会のエクスカーション（団体による視察・野外調査）である。田中芳男貴族院議員がヨーロッパの森林集会で行われた例を知り、取り入れたらしい。

旅程を追おう。午前六時に奈良鉄道の京終《きょうばて》駅に集合し、七時に桜井駅に到着。多武峰《とうのみね》の林業家大浦佐太郎の先導によって山に入った。「滝のように汗を流した」と記すが、山頂より渓谷に至るまでスギなどに覆われている様子と、これが全部民有林であることに一行は驚いたようだ。多武峰は吉野に隣接した地域で、吉野式の林業を取り入れていた。

スギ林と天然のモミ林が隣り合っている所では、本多博士が即席で植生の解説を行った。談《たん》山《ざん》神社の境内で休憩して昼食をとり、ここで志賀泰山、本多両博士が、植生の遷移や、多武峰の林業について話した。大浦氏と本多博士の問答もあり、苗の値段や植樹数、木材の搬出方法、人夫の雇用まで論議している。

やがて吉野川に面した上市《かみいち》にたどり着いた。上市の町は、木工業が発達しており、吉野林業の出口と言えるだろう。一行は吉野川を船で渡って、対岸の吉野林業株式会社に入った。吉野材を使って新築したばかりのアーチ型の正門と社屋である。そこで茶菓子の接待を受けつつ、社員より筏で和歌山まで木材を流すシステムを聞く。

その夜、一行は吉野山の旅館に泊まり、翌日は、午前六時に竹林院に集合した。ここから庄三郎の案内で吉野山のサクラの木の間を縫って登り、川上村へ向かう。途中で庄三郎は、枝打ちなど一〇〇年生のスギの育て方などを解説した。さらに一五、六年生のスギ林でも「土倉氏大声疾呼熱心に説」いたという。その後も折に触れて、熱く語り続けたようだ。報告書からも、その声が響いてきそうな様子が伝えられている。

説明の中で目に留まるのは、山火事への対応である。

「吉野村の人口は男女老弱合わせても二〇〇〇人にならないが、もし一朝事あるときは二〇〇〇人以上の屈強の者が近郷近在より寄り集まり各手に得物を手にして消防に従事する。これは互いに相助け相通じる社会の通儀というだけでなく、もし火災で林木が消失するときは直ちに自らの損害に及ぶからである」

庄三郎は、山火事の話を多くの講演でも繰り返している。川上郷の人知《ひとぢ》で火事が起き、三六戸のうち三二戸が焼けてしまった。村民が自分の家が燃えているのを打ち捨てて山林の消火に尽力したからである。おかげで山はさして焼失せずに済んだ。飛び火で一三カ所から火が出たが、隣村の者四〇〇〇人ほどが集まって消火に尽くした。土倉家も、にぎり飯を炊き出した。川上の者は、三歳の子供でも山林が大切だと知っていて、樹木を損するような悪戯はしない、それどころか自分の山でなくても蔓を払い、雑木を除く……。

その後も庄三郎は、暴風雨で倒れた大木を運び出して酒樽にする話をしたり、自ら枝打ちをしてみせたり、シカ、ウサギ、ネズミの獣害対策、林道開発など熱く語っている。

谷を下ると小屋で休憩したが、ここでも湿潤な谷にスギを植えつけ枝打ちする極意を語る。

そして山中の茶亭で昼食をとり、講話は続く。雪害のこと、キツツキ害のこと……庄三郎がいかに熱を入れて案内したか伝わってくる。

大滝にたどり着くと、全員で写真撮影をして、川瀬幹事長が代表して庄三郎に感謝の意を表し、答辞をもって午後四時に閉会となった。

ただ大滝に旅館はないから、参加者は土倉本宅のほか別宅、そのほかの家庭に分宿し、一四〇人が泊まった。小さな集落にこれだけの人数が宿泊できたことに驚く。翌日は、大滝より一里ほど下流から高瀬舟数隻によって川を五條まで下り、解散した。

このエクスカーションは、なかなかの強行軍であり、当時は学者も含めてこんなに山を早足で歩いたのか、と思わずわが身を振り返ってしまう。しかも各所で解説が行われている。奈良の林業家が吉野林業を全国に伝えようとした意気込みが伝わってくる。それは庄三郎にとっても誇り高き日だった。

この年に、大和山林会も結成された。奈良県内でも林業振興の組織がつくられたのである。発起人の二番目に庄三郎の名前が記されている。

趣意書には、鉄道、電信、軍艦、学校、病院など木材需要は増える一方で林業の将来は多望だが、林業学校の設立や森林組合の結成をめざして山林会を起こす、とある。大和は模範とされ天下に称賛されているけれど、もし本県の林業家が先進の恩恵に座浴するのみで改新を加えなければ名声は傾き後進の乗るところとなるだろう、そのため同志を糾合して一大団結の機関を設けた、とある。三年後の一九〇二年には、吉野郡大淀町に奈良県立農林学校が開校し、後に川上村に移転して吉野林業学校となった。大和山林会の運動が実ったのだろう。

8 奈良公園につくった美林

奈良公園は、広大な面積を擁している。東大寺や興福寺、春日大社など神社仏閣はもちろん、森林も含まれる。それらは一九九八（平成一〇）年に世界遺産に指定された。都心に世界遺産の森があるのは、世界的にも希有《けう》だろう。

観光客がよく行くのは若草山だろうが、頂上から延びる春日山周遊道路を歩くと、また違った景観を目にすることができる。天然のスギやシイ、カシなどの大木が林立している原始林も見どころだが、やがて整然としたスギ林の広がる一角がある。花山、芳山《ほやま》と呼ぶ辺りだが、手入れが行き届き、その風景は吉野林業地そっくりだ。

これは、日本では珍しい都市林業を成立させようとした試みなのだ。林業と言えば、山奥で行うものというイメージを持つが、ヨーロッパ諸国では大都会に隣接して広大な森林を造成し、そこでは木材生産も行っている。有名な都市としてはドイツのミュンヘン、フライブルク、オーストリアのウィーン、オランダのアムステルダム……。もちろんこれら都市の森は、市民の憩いの場としても機能しているが、日常的に森を歩くことで自然に林業に対する理解も深める役割を果たすのだ。そんな「都市林業」を日本でも展開したのが奈良公園だった。そして、そこに庄三郎が関わっている。

奈良公園は、一八七七（明治一〇）年一二月に民間の有志一四人が当時の堺県に出した一通の願書から始まる。廃仏毀釈で荒廃した興福寺周辺を一〇年間無償で借り受け、景観を整備し観光客を増やす計画を示したのだ。認可はすぐに出たが、県は予算をつけず、民間に運用を任せた。そこで一四人は、「興立舎」を立ち上げ、市民や商店から寄付金を集めるほか、案内所を設けてガイド料を徴収する仕組みを築いた。三年後、堺県は内務省に地目《ちもく》の変更を上申し、奈良公園を開設したが、その公園の運営も興立舎にゆだねられた。

奈良県の再設置後、春日山や若草山などの官林や社寺境内地が公園地に編入され、公園は三〇倍以上に拡張される。春日山原始林も、この中に含まれた。現在の公園敷地とほぼ重なり、東西約四キロメートル、南北二キロメートル、総面積は五〇二ヘクタール。春日大社や興福寺、東大寺などの寺社境内も含めると六六〇ヘクタールになる。

奈良県が公園運営費として見込んだのは、主に山林収入だった。一八九〇（明治二三）年の予算では、収入二二二〇円一一銭六厘のうち木材売却代は一八四八円四五銭。実に八七％である。この木材は、公園内の春日山、花山、芳山の山林から伐り出す計画だった。

ところが、これでは景観破壊になると反対運動が起きた。そこで公園改良の諮問機関が設けられると、放置ではなく改良が急務であることが答申された。

この間の議論を読むと、景観や環境と木材収入の対立という現代でもよく起きる構図を感じるが、肝心の森林状況はかなりちがう。実は春日山原始林も伐採や焼畑などが行われて荒れていたのだ。だから景観の修復のためにも手入れが必要だった。木材生産と景観修復による観光開発を兼ねた森林改良が企てられたのである。

九四（明治二七）年、県庁舎と議事堂を新築するため奈良公園の花山の木々が伐採された。建築総額二万三一〇二円のうち七一六六円一四銭と約三分の一が木材費で賄われている。伐採跡地に必要な植林をするため一五人の学識経験者が選ばれた。その改良委員の一人に庄三郎も入っている。植栽は、スギとヒノキ三〇万本、花樹一五〇〇本だった。

一九〇〇年、再び伐採計画が持ち上がった。国は、林業家の意見を聞き指導を受けるように指示した。庄三郎は、中野利右衛門、北村宗四郎、阪本仙次とともに実地を調査した。九月の三〇日間、林内を隈なく歩いたようだ。そして、公園改良意見書を作成した。

この意見書に目を通すと、当時の奈良公園の状況と将来構想がわかる。

現地には、濫伐（乱伐）と攻撃されたなかには濫伐でないものもあり、逆に称賛した部分に事実上の濫伐であるものもある。光線が直接林床《りんしょう》に射し込んで林相《りんそう》を害したり、植栽した苗がシカやウサギなどの食害を受けている、さらに春日山の数百年千年の老樹が転石《てんせき》のために損傷を受けていた……と報告書にはある。そして花山の状況を悲観するとともに、芳山《ほやま》も「林業家ノ眼ヲ以テ之レヲ観察スレバ、転悲嘆ノ外ナキナリ」とした。

作業の方針は、花山は風致を害さないように伐採を施すが、林道一帯の森林には斧を加えない。生長の見込みのあるものは植林上の参考として残置させる。芳山は、スギとヒノキを植林するため、一部分を除いて全部伐採する……といった案を出している。植林したところは、木材を生産することで公園の基本財産とするわけだ。

公園の将来は、「東洋のローマたる奈良を装飾すべき公園」と打ち出し、公園一〇〇年、一〇〇〇年の大計をつくろうと謳い上げた。

植林コストと木材生産の収益も概算している。たとえば植栽後一五年目に一〇〇〇本程度の伐採で二〇円を得る。四〇年後は六五〇本の伐採で二二七円五〇銭、一〇〇年後の一三回目の伐採が一五〇本で二二五〇円。残木は二〇〇本で、その代金が一万円。植林本数は全体で一三〇万本で、一〇〇年後に一三〇万円の基本財産を得ると計算している。

そして細かな技術的指南も行った。たとえばヒノキ苗はスギ苗より一年前に植えつけること。ヒノキ苗は一坪に二本、スギ苗は三～四本とすること。下刈りは植えた年に一回で翌年は二回、八年後より小枝打ちや徐伐を行う、ヒノキは二〇年から二五年以後に枝打ちする……吉野林業の緻密な造林技術そのものである。

こうした森林経営の具体的な要諦と将来像を示している。単に諮問するだけで終わらず、庄三郎は、現場に通って作業の指導もした。庄三郎は奈良市内に長逗留する際に川上村から按摩師を連れて行ったそうだ。朝になると人力車が迎えに来て、現場に到着したら、自ら山を歩いて指揮を執る。厳しい指導だったと語り継がれている。

庄三郎は、弟の孫の平造に「奈良公園に植林するということは、生長後に年々の収益をあげ、これが公園の運営費になっていることが世間一般に知れ渡ったならば、何十何百の講演よりも、世間の人に植林の重要さがずっと理解される」と語った（『評伝』より）。

林学者であり造園学・風景論者でもあった本多静六東京帝国大学教授は、後に講演で奈良公園について「彼ノ芳山・花山ニ於ケル我国ノ林業上最モ著名ナル吉野造林法ニ模倣セル百八十万本ノ杉檜栽植地ノ如キ、成育佳良ニシテ将ニ吉野式森林ノ標本タラントセル如キ亦重要ナル特徴ノ一ニ算セザル可カラズ、要之ニ此等ノ特徴ハ総テ之ヲ充分ニ発揮シ之ヲ活現セシムルコト公園経営ノ原則トナス」と説明した。

一九六一年の第二室戸台風では、春日山と芳山でかなりの風倒木が出た。ところが花山に一本の損害もなかったという。奈良県の井ノ上清隆技師は、花山は庄三郎が全部自分で指揮して植林した土地で、芳山は県の役人の担当だったことを指摘している。

その後、幾度か伐採され、また新たに植林もされた。今も花山には樹齢一〇〇年前後のスギやヒノキが立ち並んでいるが、庄三郎が関わった森も残されていると推測できる。

現在の奈良公園では、木材価格の下落のため木材生産的な経営は行われていない。しかし、

春日山原始林の奥の花山には吉野林業式のスギ、ヒノキ林が広がる（筆者撮影）

春日山から花山、芳山へと周遊道路を歩くと、天然林と隣接して整然と植えられたスギやヒノキ林に出会い、都心から数キロの距離かと感嘆するほど森閑とした空気が満ちる。なおヒノキ林は、古社寺の修復に使う檜皮《ひわだ》の採取地に選ばれている。これも林業と言えるから、奈良公園は、日本で唯一の都市林業の地である。

これも、世界遺産の中に庄三郎が残した遺産と言えるだろう。

9 全国の禿山を緑に

庄三郎は森林経営の普及のため日本各地を回っているが、吉野を視察に訪れる人も少なくない。一八八二（明治一五）年には、農商務大輔（大臣）だった品川弥二郎が大滝を訪れた記録がある。さらに元老院議官と数人の技師、有志の華族が訪れたほか、ドイツとフランスの山林審査官が来訪したという記述もある。

出会った人が資産家だった場合、庄三郎はよく林業経営を勧めている。資金のある者は山を買え、そして林業を行えというのである。たとえば三井物産は現在日本で第四位の森林の所有者だが、そのきっかけも庄三郎がつくった。一九一九（大正八）年、宇都宮市で開かれた第二九回日本山林会大会の席上、三井家の大番頭で実質的な経営者だった益田孝（三井物産初代社長）は、講演で三井が山林を取得するきっかけを語っている。

「自分は以前から、品川弥二郎や志賀泰山林学博士から山林経営を勧められていたが、林業のような気の長い仕事はソロバンに合わぬからやる気がなかった」という。ところが、庄三郎から説得された。「木というものは年々生長しているではないか。秩序を持って植林すれば、五年経てば五年だけの値打ちができ、七年経てば七年だけの値打ちができてくる」と喝破され自ら参入してみることにした。

益田は、まず個人で静岡の森林を買い入れ経営してみた。その経験を基に三井家にも森林取得を勧めた。やがて三井物産は、朝鮮、台湾、北海道、樺太などに膨大な森林を所有する。敗戦で海外の森林は失ったが、今も国内に四万四〇〇〇ヘクタールの山を持つ。

ほかにも山県有朋など、庄三郎の進言を受け入れて森林を所有し林業に取り組んだ資産家や会社は多い。儲け話として勧めたのではなく、財産を活かせという意味だろう。それを逆に見れば、資産家こそ森林を守る役割を担うべき、という考え方である。森林経営は資産に余裕がないとできない事業であり、長い目で見て経営しないと、短期間の利殖を追い求める仕事ではないという信念があったように思う。

庄三郎が森づくりを教えた人の中でも有名なのは、静岡県の金原明善《きんぱらめいぜん》だ。

金原家は、天竜川流域の安間《あんま》村の名主であり、七〇ヘクタールの農地と、造り酒屋に質屋も営んでいた。また開国後は横浜に貿易会社を成立した。

　そんな明善が、後半生をかけて取り組んだのが、天竜川の治水である。天竜川は氾濫を繰り返して流域を苦しめていた。この「あばれ天竜」を治めることをめざしたのだ。

　一八七四（明治七）年に後に治《ち》河《が》協力社《きょうりょくしゃ》となる会社を設立し、下流部の護岸や堤防建設、流路改修などを手がける。三年後に金原家の財産を国に献納する代わりに、政府から二〇年間毎年二万三〇〇〇円を補助金として下付してもらう約束を取りつけた。ところが八年後、治水工事は国が行うことになり治河協力社の解散が決まる。その時に基金は一七万円になっていた。補助金を毎年使い切らず積み立てたものを運用して増やしていたのである。

　明善は、国に一〇万円を返納し、七万円だけ受け取った。この金を元に取り組んだのが植林だ。下流の砂防から上流の治山に転進したのである。

　当時の明善は五三歳。まず三河の古橋源六郎を訪ねて植林事業について意見を求めた。古橋家は、天保の頃から奥三河で山林の買収を進め、「百年計画の植樹法」を掲げていた。

　明善はさらに品川弥二郎などから庄三郎の話を聞いて、友人の大塚義一郎に土倉家を訪問してもらった。その際に持参した手紙が残されている。

「水理ノ事タルヤ御承知ノ通リ山林ノ興廃ニ密接之関係有之候」「愛護ノ方法ヲ企テ居リ候得共、何分経験乏シク共々着手ノ途ニ迷ヒ」と山林愛護の方法を教えてほしいと願い、庄三郎を静岡に招聘した。明善は庄三郎より八歳年上であるが、腰の低さを感じる。

さらに材木商だった辻五平を吉野に派遣し、吉野に長期滞在して林業技術を学ばせた。帰郷後は瀬尻地区で植林を始めて、現在の天竜林業の基礎をつくっている。

明善は、植林だけでは山を守れないと気づいた。森林から利益を出して循環させないと、持続しないのだ。そこで遠州の小さな製材所を統合して、蒸気機関による製材を行う合本興業社を興す。協力者も天龍木材株式会社を設立した。さらに東海道線が開通したことから天龍運輸会社を一八九二年に立ち上げた。鉄道による木材運送を企てたのである。

こうした発想は、庄三郎には見られない。木材の搬出には熱心だったが、製材に手を出そうとはしなかった。吉野川の中流~下流域には製材業や木材加工業、そして流通業が発達していたことから、自ら起業する必要がなかったのだろう。一方、遠州には下流に十分な木材産業が育っていなかったため、新たに構築する必要があった。

明善と庄三郎に相似点が多いと『評伝』では指摘されている。地方の旧家の出であること、勤皇精神が旺盛なこと、私財に頓着しないこと……。庄三郎は、山林局長への就任や衆議院議員への立候補を求められても断ったが、村会議員と村長を務めた。明善も大久保利通など政治家や政府の高官との親交は深く、晩年は郷里の村長に就任している。また養蚕を振興したり全国で植林指導もした。たしかに庄三郎の足跡と似ている面がある。

金原明善だけでなく、庄三郎に林業を学んだ人は数多い。鳥取県の智頭《ちず》林業中興の祖とされる石谷源蔵、愛媛県の久万《くま》林業を育てた井部栄範。いずれも吉野林業を学び森づくりに尽力した。庄三郎は、全国各地の多くの篤林家と交流を深めていたのである。

庄三郎は吉野以外の土地でも植林している。その端緒が、群馬県の伊香保《いかほ》である。その願書を一八八八（明治二一）年一一月に群馬県知事佐藤与三宛に提出している。

「私儀昨年冬偶々当国ニ来遊シ、途上遥カニ四囲イノ連山ヲ望ミシニ、地形雄偉イナルモ徒ラニ雑草繁茂シテ、更ニ人成ノ山林ヲ見ズ、心中窃ニ疑フ所アリ。是ニ於テ、本年盛夏ノ頃再ビ来遊シ、妙義、赤城、榛名、浅間、白根ノ諸山ニ深ク入リ、其ノ実情ヲ調査セシニ、到ル所豊饒ニシテ、嶢峋ノ地ナキニ、概シテ人成ノ山林ナシ。」

この地の土壌は十分肥沃なのに山林を育てていない、しかも加之、利根、渡良瀬川の三大河があるのだから木材運搬の利便もある。東京、横浜という大都市が必要とする木材を提供することができる、と木材の輸送や販売にも言及した。ちなみに現在、加之という河川は見当たらないが、伊香保近隣の大河川としては吾妻川《あがつま》がある。

庄三郎は、自ら率先して資金を投じて植林するから「以テ衆人ノ感動ヲ提起シ、以テ養林事業ヲ奨励シ、進ンデ国産ノ増加富強ノ基礎ヲ後年ニ求メメント慾スル所以ナリ」と、造林地の提供を願った。

計画では一〇〇〇ヘクタールを求めたが、地元から反対が出た。造林されると飼料や堆肥用の雑木や下草などを採取する入会権がなくなると案じたからだ。結局、農商務大臣の井上馨の裁量によって、官林二〇〇ヘクタールを租借することになった。

庄三郎は、植林のためスギやヒノキの苗を吉野から輸送するほか、造林の指導者として吉野から西出久右衛門と政吉親子を送り込んでいる。この親子は家族も連れて、この地に移住したという。造林には約一〇年かかった。うまく苗が定着せず、九回も補植した土地があるというから、簡単ではなかったようだ。吉野式の造林法が優れていると言っても、土壌の違い、気候の違いなど細かな条件を考えて適応させせなくてはならない。

伊香保だけではない。滋賀県西浅井村沓掛《くつかけ》でも一八九九（明治三二）年から約二〇〇ヘクタールの造林を行った。ここにも吉野から苗と人を送って約五年かけてスギ・ヒノキを植えた。また兵庫県北部、但馬の新井《にい》（現・朝来《あさご》市）でも一九〇七年より本格的な造林を始めた。但馬は長女富子の嫁いだ原六郎の生地である。総面積は、佐中《さなか》、神子畑《みこばた》地区の一八三三ヘクタール。その六割に造林した。延長一八キロメートルの森林鉄道まで敷設した。庄三郎も現地入りして指導している。長男鶴松に宛てた手紙には、この地方の土質は川上に勝っても劣らぬところが多く、二カ所ないしは四カ所で林業を試みるつもりだと伝えている。

当時の庄三郎の各地の造林事情をよく精査すると、おそらく土倉家と関わりの深い吉野の住人を派遣しているが、その中には現地に根づいた人も多い。単に奨励するだけでなく、人材派遣と育成も手がけていた様子が窺える。

伊香保造林の後日談が川上村に伝わる。昭和三〇～四〇年代、大滝の辰巳義人が庄三郎の思い出を語ってテープに吹き込んだものだ。

造林から二〇年も経った頃、土倉家に一人の紳士が訪ねてきた。番頭が「今は大阪に出かけております」と言うと、「それなら代わりに誰か若い人に会いたい」ということで呼ばれたのが、辰巳の父親だ。紳士の名刺には衆議院議員の塩谷《しおのや》五十足《いそく》とあった。

「土倉さんが伊香保で植林するときに、ちょうどうちのオヤジが村長をしておりまして、私は東京の大学へ行っていました。ところが榛名山に植林すると聞いて、木を植えられたら、土地をその人に取られてしまうと、私は猛反対しました。母屋に帰り村人を集めて、土倉さんが植林するのを止めてしまいました。ところが二〇年あまり経って、代わりに植えた伊香保の官地では木がすくすくと育ち、立派な山になっている。そしてうちと違って非常に潤っておる。私は、若気の至りとはいいながら、その時に反対して土倉さんの試みを潰したのは誠に無茶なことをやったものだ、一言謝ろうと思って来ました」

この話は、後にラジオドラマ化されたという。

第5章
土倉家の日常と六男五女

1　ミルクを飲む洋風生活

何かと華々しい庄三郎の活動を中心に追いかけてきたが、土倉家の日常はどのようなものだったろうか。土倉家の当時を描いた記事などから生活ぶりを拾い出そう。

『吉野之實業』という雑誌がある。奈良県吉野地方のことを伝える月刊ビジネス誌だったが、第七号に土倉家を紹介している。発行は奈良県吉野郡農会（吉野郡役所内）で、この号は明治三六（一九〇三）年一〇月号だ。

記事には「公共上最も多くの金を投し尤も多くの人に便益を與へらるは誰ダロー」と大文字のタイトルがある。なんとなく軽いノリだが、箇条書きの項目をまとめてみる。

まず土倉家は執事なる者を置き万事任せていた。執事は杉本音吉で、口に美髭を貯え何日も門先の間に陣取っている。そして訪問者の意向を聞き取って主人に通す。まず人ありという姿勢で、たとえば寄付とか喜捨とか嘆願とかを確認する方針を取っている。

土倉家には終日客が絶えず、幾多の下女下男がいて大変忙しい様子。しかも上女中は、礼儀作法などが大家の令嬢のようである。そして一度訪れた者には食膳を勧めるのが家風である。

吉野の山中とは思えぬほどのご馳走が出る。西洋イチゴやイチジクなど、まだ町でもなかなか知られていない果物が出て、和洋折衷の料理に灘の美酒が並ぶ。

山林観察者の接待の費用は、毎年約一〇〇〇円が当てられている。とくに一九〇三年に第五回内国勧業博覧会が（大阪で）開催されてから、より一層客人が増えて旅館のように繁盛している。しかも主人（庄三郎）は、毎回来訪者に会って林業講話をするのみか山林も案内している。山林業観察者を優遇するのは、自ら求めることではなく、一に国家のために老人が国に報いるためである……と常に語っている。

また村の資料によると、土倉家の庭には、天下一品の盆栽があった。マキやカシワなどのほか、シャクナゲ、シノブソウなどの高山植物だ。大峰山や大台ヶ原などに仕事で行った際に採取したとある。「形態ハ万様ニテ筆舌ノ尽ス所ニアラズ」だそうである。これら紀伊半島の奥地は、珍種新種の宝庫と言われていたところだ。

もう少し私的な記録も見てみよう。

歌人の川田順は、庄三郎の六男六郎と中学時代の同期だったことから一八九八（明治三一）年の夏に六郎の故郷の大滝を訪ねた。その思い出を戦後記事にしたためている。

「土倉家は川沿ひの道路に面し、頑丈に古びた邸宅で、黒光りした大黒柱は少くとも四百年を経過したものといふ。うしろの小高い処に新築の離亭があったが、六郎と私とはその離亭で起臥した」

使用人は数多かった。出入りする山仕事関係の男たちのほか、書生や下男に相当する人々も多数抱えていた。また広い土間があり、川田はそこを通る際にすべって転んだら大勢の女中に笑われた逸話を記す。

そして朝飯はきまって茶粥。これは奈良ならではの風習だ。ご飯を番茶で煮たものだが、なかなか風味があって美味しい。また川田は吉野川で採れる鮎も飽きるほど食べたと思い出を語っている。さらに土倉邸前の「蝙蝠《こうもり》の淵」で泳いだり、夜はウグイ釣りをしたとも記す。少し足を延ばして吉野川上流の水晶窟《すいしょうくつ》や不動窟《ふどうくつ》などの鍾乳洞に入った、その前の茶店で弁当を食べたとあるから、当時は観光地だったのだろう。現在は不動窟のみ観光洞窟で、洞内に滝があり、不動尊像が祀られている。水晶窟は照明もなく案内人がいないと入れない。ただ、どちらも古来の修験道の修行の場だった洞窟である。

『家憲正鑑』には、新しもの好きだった土倉家の生活を描いている。明治の初期に早くも牛乳や紅茶、コーヒーまであったという。また料理も洋食や中華料理が自家の厨房で調理されて出されていた。

イチゴに牛乳をかけて食べていた話も残る。日本在来のノイチゴの系統とは異なり、現在栽培されているイチゴは、一八九八（明治三一）年にフランスから導入された品種である。その栽培が一般化したのは戦後であり、当時世間に出回る果物ではなかった。庄三郎が可愛がっていた龍泉寺の住職の息子がそれをご馳走になった時に「贅沢だ」といった表情をしたところ、庄三郎は「雨が降れば（木が育って）財産が増えるんだから」と言い訳した逸話が残る。

牛乳は生産していた。大滝集落の上の太刀屋と呼ばれる地区で乳牛が飼育されていたという。地名からして、かつて太刀家の地所があったところではないか。五社峠の荷運び用の役牛は大滝の各戸で飼育されていたが、ここのウシは牛乳を得るため土倉家が飼っていたらしい。

私もその場所を訪れてみた。大滝集落は道路から急斜面に沿って家屋が並ぶが、やがてスギ林に入り、それを抜けて登っていくと、急に平坦な台地になる。現在は植林されてスギ林になっていたが、もし木々がなければ、遠くの山々を見渡せただろう。

数軒分の石を積んだ家の土台の痕跡が残されていた。また畜舎や井戸、田畑の跡とおぼしき一帯も見受けられた。ウシの飼育は放牧ではなく畜舎飼いだったようだ。これらは戦後すぐまで住んでいた一家のものだが、当時の太刀屋の風景が想像できる。山の上に田園風景が広がっていたのだろうか。なお太刀屋の牛乳生産は、戦後まで続けられていた。

明治政府は、国民の体力向上を目的に牛乳の飲用を奨励している。一八六九（明治二）年には築地牛馬会社が設立され、乳牛飼育が行われてバターやチーズを製造販売した記録がある。新宿二丁目や下高井戸に牧場があって、乳牛が六〇頭あまり飼育されたそうだ。つまり東京は日本の酪農の出発点なのだ。それとさほど変わらぬ時期に、奈良の山間部で牛乳の生産が行われていたことになる。日本の酪農史上、特筆すべきかもしれない。

ただ土倉家は金に飽かした贅沢三昧の生活を送っていたわけでもなさそうだ。『家憲正鑑』

には次のような記述もある。

「氏は毎朝家人に先立ちて起き、夜は壮者に遅れて眠り、其の経営に係わる山林を跋渉して雇人を督励し、終日薪々放々倦怠の色なく、ときに斧斤を執りて林木を伐採し、労働者を助けて筏を組み木材を運ぶ、氏にして既に斯のごとし、家人及び雇人何ぞ惰るを得んや、土倉家中興の業とは、実に当代勤勉の致す所なりとす。勤倹質素を旨として驕奢を戒め、自ら綿服を着て労役に従う。華美を忌み質素を守り、毎週土曜日の夜を期して一村の老若男女を龍泉寺に集めて教育勅語の趣旨に則る修身の講和を行って郷里の徳育に尽くした」

若干、一般に語られる豪放磊落、豪華絢爛なイメージと違う。

分限者《ぶげんしゃ》と言えば、どうしても花柳界で豪遊したような逸話が出てくるのだが、庄三郎に関してはほとんどない。大阪や京都、そして東京になじみの料亭や旅館があり、しょっちゅう通っていたことは各記録から読み取れるのだが、色めいた噂は出てこない。芸者を総揚げした話も残されているが、なんと妻の寿子と一緒だったようである。ただお酒は好きで、それゆえ胃を壊した。晩年には酒断ちを行っている。

また女性に関する浮いた噂もない。妻との間には六男五女と子だくさんだっただけに、家庭を大切にしたことが伝わってくる。それどころか京都の僧たちの増長した商売や乱痴気騒ぎに怒った話もある。京都の寺から寄付を求められて「坊主の風呂水を売るのを止めたら出す」と言い返したそうである。当時は高僧の入った風呂の水を有り難い聖水として売るような真似をしていたのだろう。

賭事は好きだった。大杉谷開発の頃のエピソードを『評伝』は伝える。大滝から吉野川上流部へと向かう途中で、一定の距離を空けて二人の男がずっとついてくる。国境の山道で庄三郎は二人に何か用があるのかと声をかけた。すると「今夜のお泊まりで一勝負させていただきたい」と応えた。ようするに博打で一儲けを狙っていたのだろう。

庄三郎は笑って手にしていた杖を示し「それなら遠道することはない。君たちの有り金を合わせて、この杖の倒れると思う方に賭けたらどうか」。二人は恐れ入って謝って引き返したそうである。

庄三郎の行状には派手なイメージが強いが、家を傾けるような真似はしない。一方で質素倹約を旨とする生活もあったのである。新しもの好きで、いろいろ手を出すが、度を越さない。そんな姿が浮かび上がる。

2 長男鶴松の教育

長男鶴松の誕生は、一八六七（慶応三）年一二月九日、雪の深い日だったそうである。庄三郎は、後継者の誕生を喜び、数多くの乳母を用意した。

川上郷では、長男は年少の頃から跡取りとして特別扱いされることが多いようだ。たとえば子どもの頃から食事も家長とともに別膳だったと語る人もいる。鶴松もそんな環境で育てられたのだろう。初節句には、美を究めた鯉の吹き流しに五色の吹貫《ふきぬき》を掲げたとか、付き添いの乳母がいて、日傘やお手車、綾や錦の産着に守られて育てられたと伝わる。

大滝小学校（当時は開明舎の大滝分校）の開校時、長男の鶴松は九歳である。だが鶴松は、ここに入学しなかったようだ。記録には「和歌山藩の碩儒《せきじゅ》佐野、京都の鈴木、大阪の藤澤南岳《ふじさわなんがく》」などの漢学者によって教育されたとある。藤澤南岳（恒太郎）は高松藩に仕え、維新後も藩の存続に尽力した人物で、庄三郎がどのような関わりで知り合ったのかはわからないが、昵懇の仲だった。彼の父が大坂（大阪）に開いたのが泊園書院《はくえんしょいん》。門弟数千人を誇る私塾である。ここに鶴松を入塾させたという。そして漢学と剣道を修めた。

その頃、鶴松が自作したという都々逸《どどいつ》がある。

書生々々と粗忽にするな
うちに帰れば若旦那

私塾では書生として扱われていたのだろうか。当時書生と言えば厳しい制約の中で生活を送り清貧と決まってるが、鶴松なりの思いがあったのだろう。ただ鶴松は、泊園書院には長くいなかったようだ。馴染めなかったのか、結局川上村に帰っている。

庄三郎は一八八二（明治一五）年に芳水館《ほうすいかん》を設立した。小学校卒業後の教育の場であるが、一五歳の鶴松のための私学校として建設したらしい。最初の三年間は、自らの屋敷の隣接地に建てた小舎で、漢学と武道の教師を招聘して学ばせたという。やがて遠方からの入塾の申し込みが増え、収容しきれなくなったため、大滝の隣の西河に土地を購入して、学舎を建設した。建物の一階が教室、二階に講堂があった。生徒のための寄宿舎や教師用の住宅も設けたという。学科は、主に漢学と算術、英語、武道。芳水館は私塾の枠を超え、中等教育機関へと発展する。だが、ここに鶴松が学んだ形跡はないのである。

大阪新報の「土倉盛衰記」（一九一三〔大正二〕年の新聞連載）には、徴兵で大津連隊に入隊した鶴松の行状を記している。連隊内では「土倉の坊ちゃん」と呼ばれて特別待遇で、練兵訓練もそこそこだった。営倉内の入浴の際は、古参の上等兵や軍曹が背中を流したという。日露戦争時には、鶴松は曹長として再び招集されて、大阪の寺院で待命となった。二〇名の部下に絹布団を揃えさせ、休日には派手な祝宴を開いた。ところが、出陣時に彼一人捕虜係という閑職を命じられ外される。おそらく軍側の忖度だろう。庄三郎が、この軍役時に莫大な寄付を行ったと記録されるからだ。ただ出陣しなかったことに庄三郎は憤慨したと記されている。結局、その後の鶴松は、料亭旅館に居住し毎夜歌舞音曲にかぶれて豪遊乱交の振る舞いを続けた。

一方で、こんなエピソードも伝える。

大滝の人が、不治の病に倒れ妻子ともに貧苦の境遇に陥っていた。そこに鶴松は見舞いに訪れた。病人をいたわり帰ったが、その後座布団を片づけると、下に紙切れがある。そこには鉛筆書きで「見舞い　寸志」とあり、中に一〇〇円紙幣一枚が入っていた……。時期ははっきりしないが、当時の一〇〇円は今の数十万円、いや一〇〇万円以上に匹敵するのではないか。

これらの記事は面白おかしく書いたもので信憑性を測ることはできないが、鶴松の一面の姿を描いているように思う。庄三郎は鶴松を幼少の頃から外に出していることから、何から何まで甘やかしたとは言えないが、金遣いの荒さからは小遣いに制限はなかったのではないか。おそらく人柄としては、おおらかで気前よく人に優しかった。しかし自身を律していたとは言い難い。

板垣退助の娘を嫁に迎えようとしたという話もあるが、実際は大阪府泉北の大規模農家である中辻吉時の次女容志（小菊より改名）を娶《めと》った。

中辻家に訪問させていただいた。今は農業を営まない。戦後農地を処分して、福祉事業に乗り出したそうである。日本で最初の社会福祉法人となった福生会を営み、老人ホームやデイサービスセンターなど数多くの事業を抱える。ただ本家には、古い門を構えた農家造りの家が残されていた。

鶴松時代のアルバムを見せていただいたが、土倉家の面々の写真が多くあった。鶴松は丸刈りなのか禿げているのか、つるつる頭をして写っていた。また鶴松が子どもたちを抱いているスナップや、富子、政子、三郎、六郎など兄弟姉妹の写真も多く残されていた。家庭円満の様子が伝わる。鶴松の書も何点か額に入れて飾られている。崩し文字の漢詩のため読み下せなかったが、一枚色紙になぐり書きしたようなものがあり、「伏尾の金吉　金の土曜干し　玄関までゆきもゆきたい大和の土倉」とある。伏尾とは中辻家のある地所だ。鶴松の書なのかどうかわからないが、都々逸だろうか。

なお最初に同志社に入学したのは、龍次郎と亀三郎、甥の愛造であるが、鶴松もいた記録がある。当時鶴松は一七歳。遅れて入学させたのだろう。新島襄が八重に送った書簡の二カ所で、鶴松に触れている。デイビス牧師が世話し、学費や寮費は新島が負担したとある。ただ鶴松のことを「六ヶ敷」と記す。これは「むつかしき」と読む。どうやら鶴松の扱いに困っていたらしい。鶴松は、ほどなく大滝にもどったようだ。

鶴松以外の息子たちは、同志社でどんな教育が行われたのだろうか。

本井康博元同志社大学教授によると、「年少者にとっては保育園みたいなもの。同志社は後に幼年科を設けますが、正式なカリキュラムはなく、幼児に当たる子供を預かったから設けたのだと思います。この子らを世話するのは年長の女子生徒で、いわばベビーシッター。賃金も払われており、女子学生にとってアルバイトだったのでしょう」。

龍次郎に関しては、入学直後に新島から庄三郎への手紙に「不遠シテ予備門ニ御加入ハ相叶可申」とある。漢学の学習速度が遅いため、寄宿舎から京都市内の石井忠敏の漢学塾へ通わせたが、「自宅に引き取って漢学を教えたい」という申し出が新島よりされた。英語や西欧の教育ばかりではなく、漢学も力を入れていたようだ。一時期は新島の妻八重の世話を受けていたらしい。

その後、一八八七（明治二〇）年に普通科本科に入学した。剣道と柔道に熱心で、文学サークル「同志社文学会」にも属していた。名簿では徳富健次郎（後の蘆花）と並んでいる。

真ん中が新島八重。右が龍次郎、左が亀三郎か

3 台湾に渡った龍次郎

龍次郎は、同志社卒業後に異色の道を歩んだ。

同志社で同窓の津下紋太郎《つげもんたろう》は、龍次郎を「温厚篤実の君子人の風格を有しており、体格は鶴松に劣ったが、生来創業の事に趣味と才能を持ち、柔道はほとんど天才的で、剛胆さにおいても鶴松を凌いでいた」と評価している。

卒業後、故郷にもどった龍次郎は、しばらく庄三郎の元で山仕事に従事したが、海外への熱い思いを膨らませていた。新島襄は、二一歳でアメリカへ密航したことで人生を大きく羽ばたかせた。龍次郎も同じ年になり、自分も海外へ飛び出ることを夢みた。ただし、視線を向けたのは南洋だった。

一八九二(明治二五)年五月一八日、二二歳の龍次郎は、庄三郎へ長文の請願書を出した。長さ六メートルに及ぶ巻紙で、墨痕淋漓《ぼっこんりんり》としたその筆跡は、勢いがありなかなか達筆である。

請願書の署名は「不肖児　龍次郎」、宛て名は「家大人」だ。「不肖児頓首百拝謹テ書ヲ家大人ノ膝下ニ奉ル」から始まり、まず父に育ててくれた礼を述べる。そして「又タ遠ク萬里ノ異郷ニ赴カンコトヲ希フ」とある。

新島の足跡を述べ、自分は南洋に行きたい旨を申し出た。（三年前に）大水害に見舞われた奈良県の十津川村の被災者は北海道に移住したが、慣れない寒さのため多くが亡くなった、そこで熱帯地方に移住地を求めたい。とくに南洋の風土は、寒暑の差が少なく海運に便利。鉄道を敷き、電線を張りめぐらせて文明を進める。また日本は人口増が予測され、海外移住が必至である、自分はその先駆者になりたい……と夢を説明する。

庄三郎は、認めなかったようだ。だが三年後、日清戦争後に日本が台湾を領有すると、ならば台湾にと龍次郎は父に願い出て認められる。ただ龍次郎と行動をともにした津下紋太郎の自伝には、台湾進出は鶴松の命だと記されている。自らは大陸をめざし、弟に台湾を任せたというのだが、当時鶴松はまだ家督を譲られていない。最終的に許可したのは、やはり庄三郎だろう。

一八九五（明治二八）年一二月、龍次郎は親戚筋の長野義虎元陸軍中尉に先導されて軍属の資格で台湾へ渡った。土倉家使用人四人を伴ったという。神戸を出航した船は、七日後に台湾北端の基隆《キールン》港に到着した。

龍次郎は、日清戦争前から台湾に潜入していた尾形正基を通訳兼案内人として雇い、ポーター十数人を引き連れて、台湾山岳地帯の縦走を企てた。そして九〇余日かけて台南にたどり着く。縦走以外にも全土を歩いた模様だ。当時の山岳地帯は先住民族の住む未開地帯である。龍次郎は台湾の先駆的探検家だったと言えるだろう。

九七年に台湾総督府に植林許可願いを提出し、三年後に台湾北部の一万ヘクタールの山林を三〇〇年租借した。そして現在の新北市《シンペイ》烏来《ウーライ》区亀山に事務所を開設した。

最初に企てた事業はクスノキから採取する樟脳《しょうのう》生産である。樟脳は医薬品やフィルムなどの原料として世界的に重要な資源であった。そして日本はその有力な生産地だったが、国内では底が尽きつつあった。だが台湾の山には、クスノキが豊富なことに目をつけたのだ。クスノキを伐採した跡地にスギを植林し、育成林業を展開する準備を進めた。

台湾日日新報の袖海記者が、一九〇三（明治三六）年に亀山を訪ねて書いた記事がある。

「一行は亀山に到着、土倉君の事務所に至る。先ず脚を濯ぐ。木山氏の案内で室内に入る。一風の芳香が漂い、清々しい気分となる。部屋の天井板、梁、柱、門框《もんがまち》、門板、すべての建材に樟楠木を使用しているためである。翌朝事務員の小原氏の案内で緑溢れる庭園を参観。事務所を仔細に眺めると、壁は非常に厚く、窓は非常に小さい。その堅固さは一戸の住宅を防衛するには強固過ぎる。

台湾を探検した頃の龍次郎

まるで城郭のようである」

敷地内に物品交換所が設けられており、池もあった。そして土橋を渡ったところに苗圃《びょうほ》があり、そこには高さ一尺あまりのスギやヒノキの苗が育てられていたそうだ。

苗圃は約一五ヘクタールあり、スギ苗一五〇万本、ヒノキ苗五〇万本、ケヤキ苗七〇万本を育てていた。またインド、タイ、オーストラリア、ブラジルのほか、寒帯・熱帯の針葉樹や広葉樹一〇五種一〇〇〇本の苗と、キリ苗一万本も植えつけた。台湾に合う樹種を試すつもりだったようである。

先住民ウライタイヤル族の人々は、龍次郎を「土倉頭家《トーヤンタウケ》」（土倉の大旦那の意）と呼んでいた。家に出入りして、夜には酒を飲み歌を歌い、楽器を奏でて龍次郎たち日本人と一緒に楽しんだと記されている。

一九〇四（明治三七）年には「台湾採脳拓殖合資会社」を継承して「台湾製脳合名会社」とし、大規模な樟脳生産に乗り出した。雇用だけでも九六〇人に達した。製脳窯は四五〇基もあり、生産従事者は二〇〇〇人を超えた。

南洋雄飛の夢は、現実のものとなっていた。

4 政子のアメリカ留学

庄三郎には、長女富子を筆頭に政子、双子の糸と小糸、末子の五人の娘がいる。

末子を除く娘たちを大阪の梅花女学校に入学させたことは先に記したが、そこで教師を勤め、その後日本女子大学を設立した成瀬仁蔵は、庄三郎が亡くなった際の弔辞で梅花女学校を訪れた庄三郎と女子教育について話し合ったことを振り返っている。

「当時は何しろ女の子が学校へ出るということはなかなか大変なことに考えていた時であって、それは今の人が洋行することよりも尚大したことであったのであります。のみならず女子教育などということは、むしろ反対の多い時にもかかわらず、大和の奥から率先してその子女に教育を受けさせるということさえ非常な英断であるのに、ことに教育方針に至っては実に達観したもので、その時土倉さんは私に言われるのに『どうかこの子供たちを頼みます、もっとも、この子供たちは初めて家を出たのであるから必ず寂しくもなって郷里に帰りたくなったり、また親への手紙なども何を書くか知れないから手紙は一応先生が目を通して下さってから投函させてください。帰りたいなどと申したら厳しく叱って下さい』と頼んで行かれたほどであっ

た」（家庭週報　大正六年七月二七日号）

娘たちは、後に同志社女学校に転校する。そこでは京都ホームと呼ばれる家庭で養育する形式がとられた。新島は、書簡で「万事老婦人ニ託シ置キ候間、何モ不都合ハアルマシト在候」と庄三郎へ書き送っている。老婦人とは、当時寮母を務めていた妻八重の母・山本佐久《やまもとさく》のことだ。

新島と土倉の間の書簡を追うと「娘の不祥事」が報告されている。庄三郎は女性教師から連絡を受けたらしい。そこで手紙で「事情をうかがった」。新島は、ただちに内容を調査して報告した模様だ。

「昨日は八重が、今日は自分が女学校に出向いて、両嬢から直接に事情を聴取し、本人たちを説諭した」という。そして教師たちには「向来反則アラバ直ニ小生迄通知」するよう言い渡した、と付け加えている。

不祥事の内容はわからない。娘が校則を破ったか、レディ（アメリカ人女性の宣教師）と揉め事を起こしたのかもしれない。女学校は実質的にレディが牛耳っていたが、教育内容に日本の感性には合わない点も多かったようである。富子は「校長先生の言われることさえ通らなかった」と述懐している。

同志社女学校で学んだ娘たちは、全員クリスチャンになった。息子も同様だ。土倉家は代々浄土宗であったが、子どもたちの入信に反対した様子はない。それどころか教師のメリー・フローレンス・デントンは、「土倉氏がなぜクリスチャンでないのか私は理解できません。並のクリスチャン以上にキリスト教の支援者です」と知人に手紙を書いている。

五人の娘の中でも次女政子の足取りを少し詳しく触れたい。彼女は、デントンの勧めによって、卒業後の一八九〇（明治二三）年にアメリカへ留学するからである。留学の話は、在校時から教師たちに勧められていたようだ。

この話を政子が家族に伝えたときの様子が、彼女の五月一三日の日記に記されている。

「其夜父上・母上を始め兄君方に物語んと機を伺ふの際、幸に父上の御言を受け事条を告るの緒を得て請ふに、暫時数ヶ年米国に遊学せしめられんことを。父君寛大にも此の請求を入れらるゝ色あり。然りと雖も母上・兄上方の賛成あるや否や、翌十三日を待んと各別れて床に付き、明日幸に父上・母上・兄上幷に親戚の許を受け、渡米を決す」

庄三郎は、留学話に難色を示すことなく了解したようだ。当然莫大な費用が必要だが、庄三郎は意に介さなかった。なお同志社卒業生としても、初めての留学生に当たる。

デントンは、政子のことを故国のクラーク博士宛の書簡に次のように紹介している。

「私たちの学校を昨年卒業した一九歳の女性で、大変な美人のうえ性格も良い。非常に調和のとれた謙虚な人」。そして政子の渡米を「私はずっと心から願っておりました」。

「土倉家は半ば洋風の生活をしていますので、アメリカ人の贅沢ぶりを見ても影響されて駄目になることはないでしょう。というのは、一家は湯水のように金銭を使う王女のような贅沢な生活に慣れているからです」

日本最初の海外女子留学生は、一八七一（明治四）年、岩倉使節団に随伴してアメリカに官費留学した五人である。最年少の津田梅子は六歳、ほか四人は一一〜一四歳。留学というより欧米生活を体験するための長期滞在と捉えるべきだろう。また最年長の二人は半年後にホームシックで帰国している。その点政子は、年齢も高く英語も事前に学んでいた。そして私費留学である点も大きく違っている。

同志社女学校卒業後、いったん京都看病婦学校の寮で暮らしつつ、京都府高等女学校で古典や裁縫、料理を習った。ここで留学準備を進める予定だった。ところが京都を訪れたフィラデルフィアのモリス夫妻が三週間後に帰国すると聞き、急遽政子も同行して渡米することになる。出発は九〇年六月一日、横浜から単身蒸気船に乗り込んで出航した。見送りにはデントンのほか庄三郎夫妻に、原家に嫁いだ姉夫婦などもいた模様だ。

サンフランシスコに到着した政子は、モリス家にホームステイし、英語を学ぶためのカークスクールに入学した。その経営者アビー・カークスは，政子を「驚くほどの先見の明と決断力、自制心の持ち主で、日本の誇り」とまで絶賛している。

その後政子は、創設間近い女子大学であるブリンマー大学に入学した。ここは津田梅子の二度目の留学先でもある。つまり同時期に同じ大学に学んでいたのだ。津田は当時二五歳で、政子にとってアメリカ生活の大先輩である。記録は見当たらないが、日本人同士なのだから交流もあっただろう。津田は、帰国後に女子英学塾（現・津田塾大学）設立に邁進し、一九〇〇（明治三三）年に開学する。それは日本女子大学校設立より一年早い。

政子は留学中に新渡戸稲造と知り合った。新渡戸は、教会で出会ったメリー・エルキントンと結婚するが、両家の両親の猛反対を受ける。そのため結婚式に政子は唯一の日本人として出席している。

留学は七年間に及んだ。二〇代の過半をアメリカで過ごしたことになる。本人は、その後フランスに渡りソルボンヌ大学に留学したい希望を父に伝えたが、さすがに庄三郎は帰国を督促した。

政子の乗る船が横浜に着いたのは、一八九七年七月二六日。大滝の実家に帰り着いたのは、八月六日である。ちょうどその日に大滝に滞在していた六郎の親友川田順が政子に出会っており、記録している。

「酷暑の午後、土倉一家の人々は五社峠の頂上まで迎えに出たが、私もついて行った。峠には巨木の杉が数本立って、どの木にも蟬が鳴いてゐた。とかくするうちにミス・ドグラが数人の男女に導かれて宮滝の方から峠に上って来た。パラソルをさし、純白の洋装をした彼女は、たけ高く、美しかった。当時は東京でさへ斯様な女性を見ることは珍らしかった。皆へ一々握手し私の前に来て「六さんですか?」と言った。「僕はここにゐます」と六郎が微笑しながら寄って来た」。

峠の上で繰り広げられた光景を想像するに、一幅の名画のようである。

政子は、当時の日本女性の中で、もっとも西洋の教養を身につけた一人であった。

5 娘たちの華麗なる結婚

五人の娘を抱える庄三郎は、娘たちの伴侶選びに気を遣ったようだ。

長女の富子は、一八八八（明治二一）年一八歳で結婚する。相手の原六郎は、四六歳で横浜正金銀行の頭取だった。一度結婚して娘もいたが、離縁している。

原六郎は、但馬《たじま》（兵庫県北部）の進藤丈右衛門長廣の第一〇子、俊三郎として生まれた。一八六三年に倒幕運動の生野《いくの》義挙に参加するが破れ、鳥取に逃れた。そこで名前を原六郎と改める。やがて高杉晋作と出会い、第二次長州戦争を経て倒幕軍を率いた。

維新後は、アメリカに渡りエール大学で経済学を学び、さらにイギリスへ渡る。帰国して第百国立銀行の頭取を務めるほか、倒産寸前の横浜正金銀行を立て直したり、多くの銀行や鉄道会社の経営に携わる。明治の金融・産業界の中枢で活躍した男だ。

そんな原に庄三郎の娘との縁談を持ち込んだのは、生野義挙に原とともに参加した北垣国道《きたがきくにみち》である。北垣は、当時京都府知事であり、庄三郎と懇意であった。

『原六郎翁伝』によると、神戸出張の折に京都の北垣を訪ねたところ、北垣邸で開かれた晩餐会に同志社女学校の生徒数人が出席していた。そこに富子もいたのである。

それまで幾度もあった再婚話に乗らなかった原も、富子には心を惹かれた。北垣夫婦が女学校を訪れ、富子の受ける授業を参観し「健康と容姿は二〇歳くらい」と、手紙に記している。当時富子は一七歳である。

大阪の銀水楼で、原は北垣とともに庄三郎に面会した。三人で酒を酌み交わしつつ話したが「結局、土翁は承諾す」。ただ二年間は学問をさせ、卒業まで猶予するよう申し入れている。また本人の気持ちを聞くとも伝えた。さすがに自分の年に近い男に嫁がせるのは抵抗があったようである。娘の意見も聞くとしたのは、開明的な姿勢を保ったのか。

富子は素直に応じたことから、結婚式は京都の円山の中村楼で執り行われた。知事夫妻と六人の女性がかしずいて進行した。ウェディングケーキのある立食形式で、富子はケーキ入刀を行った。式は新島襄が仕切って、まったくの西洋のキリスト教式で執り行った。

この時期に撮影したと思われる写真が残っている。フロックコートを着た庄三郎と、ドレスをまとった妻・寿子の姿だ。二人は腕を組み、帽子を手にしていた。さらに家族で撮った写真は、子供たちも全員コートにドレス姿で椅子に腰掛けている。当時、洋装して記念写真を撮る

中央の庄三郎の背後に洋装の政子。その左は原六郎

上・洋装の家族写真
右・京都で撮影された庄三郎夫婦

ことが流行っていたようだ。庄三郎は背が高く、彫りの深いマスクだから似合っている。

政子にも縁談が寄せられた。同じ年の五月に、新島襄が東京から手紙で「井上馨から大山綱《おおやまつな》介《すけ》と政子の結婚話を斡旋してくれるよう持ちかけられた」旨庄三郎に伝えている。しかし政子はアメリカに留学したので縁談は流れた。

帰国後、庄三郎が政子を連れて、帰国手続きの御礼に外務省を回った。その際、欧米局長だった内田康哉《うちだこうさい》が政子に一目惚れして、陸奥宗光外務大臣を通して結婚の申し込みを行った。内田は、一八六五年熊本藩の藩医の家庭に生まれ、同志社英学校、東京帝国大学法科に進学し、外務省に入省していた。省内で有数の英語の達人とされていて、求婚の手紙も英語で書いたらしい。しかし、発音や流暢さでは政子には敵わなかったそうだ。

返事を待ちきれない内田は、大滝まで押しかけ結婚の許諾を得る。挙式は、一八九九（明治三二）年。内田は三四歳、政子は二九歳である。その後内田は清国公使などを経て外務大臣となる。

富子にしろ政子にしろ、政財界の大物からの求婚は引きも切らなかったらしい。資産家の娘のうえに近代的な洋式教育を受けた令嬢は、憧れの存在だったのかもしれない。

双子の三女・四女の糸と小糸は、一緒に一八九三年に同志社を卒業し、同年二人一緒に結婚式を挙げた。

糸の相手は、川本恂蔵《じゅんぞう》。三田《さんだ》藩（現兵庫県三田市）の藩医の家に生まれ、大阪専門学校予科と同志社英学校に学んだ後アメリカに渡り、オベリン大学に留学。結婚後は、再び渡米してペンシルヴェニア医科大学で博士号をとる。帰国後は同志社病院で副院長を務めていた。小糸の相手は佐伯理一郎。熊本の阿蘇出身で、熊本の医学校卒業後に横須賀海軍病院に勤めてからペンシルヴェニア医科大学に留学した。帰国後、同志社病院院長や京都看病婦学校長になる。双子の娘の配偶者に選んだのは、経歴のよく似た二人だった。

佐伯側の記録によると、一八九二（明治二五）年に庄三郎が京都にやってきて、小糸とともに会ったらしい。その後佐伯は大滝を訪れた。翌年六月二〇日に小糸の卒業式に参列し、一一月に土倉屋敷で結婚式を挙げている。式は、和洋折衷だったようだ。同志社からゼント牧師が招かれ、キリスト教式の夫婦の誓いを行い指輪の交換もする一方で、純和風の高砂の三三九度の盃も行われた。娘の姿も洋装と錦の打ち掛け、と両方である。

右と中央が双子の糸・小糸。左は親戚の瀧野光子

末娘の末子は、華やかで語学に堪能な女性であったと伝えられている。梅花女学校を卒業しているが、富子の嫁ぎ先である品川御殿山の原家に寄宿したようだ。そして二一歳で原家の書生であった青木鉄太郎と結婚している。青木は兄亀三郎が養子に行った瀧野家の縁戚でもある。

青木は岡山県出身で、横浜正金銀行に勤めた。結婚後は二人でロンドンに赴任し、帰国後は神戸支店長に任じられた。イギリス・ヴィクトリア女王の三男コノート公（コンノート殿下）が来日し神戸を訪れた際には、末子は通訳と接待の役を仰せつかっている。その後青木は、ニューヨーク、サンフランシスコなどでも支店長を務めるまでになる。

三井物産初代社長の益田孝の自叙伝によると、庄三郎は「今度娘を嫁にやるので山の木を少し売ったが、五万円ばかりできた」と話したことがあるそうだ。時期にもよるが、現在の価値で数億円になる。すべてを結婚費用にしたわけではないだろうが、金を惜しまなかった様子が窺える。

6 亀三郎・四郎・五郎・六郎

長男鶴松と次男龍次郎以外の兄弟の消息も記しておく。

土倉六兄弟と思われる

三男亀三郎は、一八七六（明治九）年生まれで同志社入学時、五～六歳だった。女性宣教師パーメリーの部屋に寄宿し、彼女が故郷に送った手紙には、亀三郎の写真に「マイ・リトルボーイ」と記している。亀三郎はかなりの腕白で、家人も持て余したとある。

ただ同志社を卒業した記録がない。一九〇〇（明治三三）年に瀧野（二代目新次郎）の娘茂《も》とと結婚、婿入りしている。瀧野家は、現在の三重県松阪市飯高で川上村と隣り合った地域にある。その際に改名したのか、戸籍謄本には亀が取れて「瀧野三郎」となっていた。ただ妻は四男一女をもうけた後に産褥熱で亡くなった。そこで親戚の瀧野新助の長女花と再婚している。

この瀧野家も大山主であり林業家だった。三郎の義祖父となる初代新次郎は、首から仏像を下げた姿で全国を植林行脚したという。また和歌山にも家を持ち、材木商として手広くやっていた。以前より土倉家とは結びつきが強く、姻戚関係であった。ちなみに新次郎の父の次郎左衛門の妹が多紀。彼女の夫が長《なが》野《の》主膳《しゅぜん》義言《よしこと》である。彼は結婚前に土倉家や太刀家に寄宿していたことがある。後に井伊直弼の側近となり、安政の大獄と呼ばれる幕政批判派の弾圧の黒幕とも言われた。

なお三郎は、一九三一（昭和六）年に亡くなっている。五五歳だから少し早いと言えるだろう。

四郎は、一八七七（明治一〇）年生まれ。七歳にして大滝近在の儒学者・佐久間猶斎の塾から京都師範付属小学校に入学した。その後同志社に入学し、次いで東京の東京帝国大学心理学教授の中島力造の元に預けられた。中島は、同志社英学校を卒業後アメリカ留学したが、留学時は中島の両親の生活費を土倉家が出していた縁だろう。

四郎は英語学校を経て築地尋常中学校、第一高等学校、東京帝国大学へと進み、一九〇三（明治三六）年七月に英法科を卒業。歌人の川田順は「紅顔の美青年」だと記す。大滝に初めて自転車を持ち込んだ話もある。

五郎は、同志社に入学したが、途中で除名になった。当時一〇歳に満たない彼が何をしたのか記録に残っていない。その後大滝にもどるが、土倉家では異色の存在だった。

川田は「旧家の御曹司としては変種の奇人であった。素朴、粗野で、いかにも山男らしき容貌で、外出には必ずモンペ、脚絆、草鞋ばきで、腰に手斧を挿した」と記す。京都の三条や四条の繁華街に出かけるときも「山男」の服装だった。言動も粗野で、ときとして雲水のような墨染を着て闊歩した。一方で俳句を得意とした。川田に対して「君は歌を作るさうだが、わしは嫌ひだ」と言い、毎日新作の俳句を見せたそうである。

四郎と五郎は、成人後大陸に渡った。姉の政子が清国公使となった内田康哉の妻として北京にいたからだろう。そこで政子は、弟たちを東文学社（東文とは日本語のこと。同名の学校はほかの地方にもあるが、ここでは北京の学校。また東文学舎と記すものもある）に預ける。この学校は、中国に渡ってきた日本人に中国語や中国社会を学ばせるために設立されていた。同時に中国人に日本語や日本の一般教養を教える役割もあった。

二人の姿は、カルピス飲料を開発した三島海雲《みしまかいうん》の自伝に登場する。大阪の萱野村《かやのむら》（現・箕面市）の寺に生まれた三島は、西本願寺文学寮（現・龍谷大学）を経て、北京に渡り北京の東文学社に入門した。ここで生徒となる一方で中国人に日本語などを教えていたが、一度母の病気で帰国する。一九〇三年に再び東文学社にもどったときに、出会ったのが五郎だった。三島は五郎と意気投合した。さらに四郎も加わって、日本の商品を行商する事業を企てる。

三人は、北京の東単牌楼に「日華洋行」という店を開き、化粧品や布地、雑貨などを扱う。商売が軌道に乗ると、軍馬に目をつけた。三島らは内モンゴルの奥地に分け入り、百数十頭のウマを手に入れて売りさばいたという。

その後四郎は帰国し、横浜正金銀行に入行し、一転して堅い銀行家になった。後に東京支店支配人代理やサンフランシスコ副支配人、シアトル支配人を務めるまでになる。

五郎は大陸に残り、遼寧省営口《インコウ》以北の中立地帯である内モンゴルのカラチン王領土ケシクテンを買収しようとするなど、奇想天外な行動をとるが、馬賊に襲われて命を落としかけた。晩年に会った川田は、大股にある馬賊に襲われた際の刀創を見せられたという。

五郎は、帰国後に夫婦で植田家に養子に出された。植田家は奈良の桜井で大きな材木店を営んでいた。ここには庄三郎の末弟である喜三郎が先に養子に入って、篤ノスケと改名していた。息子ももうけていたのだが、どうやら早死にしたらしい。そこで五郎が篤ノスケの養子に入ったようだ。五郎夫婦は順子という娘をもうけるが、妻のとみは早世したようだ。後に父娘で土倉家にもどっている。植田家を離れたのは、植田家を破産させたからと言われている。

六郎は同志社に入学したが、東京の城北尋常中学校（後の東京府立第四中学校）に転校した。彼も中島力造の家に下宿している。

六郎は中学校で同級の川田順と親友となった。川田の筆によれば、六郎は中学でも評判の美少年だった。「ふくよかな頬にほんのりと桜色を呈し、おだやかな上方弁を使ひ、他の生徒らよりも上等な服地の制服を着用してゐた。ベルトは皮革でなく、美しく且つこまかく桜の花と萌黄の葉とをいちめんに刺繍したものであった」。

六人の息子たちのそれぞれの歩みは、土倉家の命運にも関わっていく。

7 川上村の村長に就任

一九〇〇（明治三三）年、庄三郎は還暦を迎えた。

この頃の庄三郎は脂が乗りきって多くの活動をしていたが、この前年に京都東山の華頂山知恩院の寺領返還運動を請け負っている。知恩院は、浄土宗総本山で、敷地は六万坪あったが、一八七四（明治七）年の上地処分（明治の土地制度改革で、社寺が領有していた山林や田畑などを国家が取り上げ官有地にするもの）を受けた。

上地処分は、日本の寺社に多大な影響を及ぼしている。それまで寺社は、各地に農地や山林を所有して、その年貢で経営されていた。たとえば奈良の興福寺は全国に領地を持っていたうえに、戦国時代から江戸時代初期までは、大和の国の実質的な守護であった。江戸幕府も、なかなかその施政に介入できなかったほどである。ところが明治政府は、力の源泉である土地を取り上げた。さらに境内の土地まで削られたのでは存続に関わる。

知恩院は、上地令《あげちれい》が出された一二年後に京都府より四万三四三四坪を返還されたものの、一万六〇〇〇坪は失われたままだった。しかもその一部は、境内の景観に関わる土地であった。

そこで庄三郎に返還工作を依頼したのである。

実際、どのような様子だったか。庄三郎の講演時の説明によると、知恩院の山号である華頂山や、表門から山門までのマツの生えているところまで国有林とされてしまっていた。

上地処分で取り上げられた土地の返還申請は全国で二万件以上起きているが、成功例は六％程度だ。だが庄三郎は、返還されたら〝諸種の苗木を殖養して、京都東山の冠首たる梵刹として後年に伝えたい〟と政府に願書を提出し、一九〇〇年、六五一七坪が返還された。おかげで名刹の景観はかろうじて守られたのである。

なお一九〇二（明治三五）年には、吉野山の如意輪寺に二万円の寄付もしている。

還暦の年の六月、庄三郎は川上村村長に就任した。幾度となく衆議院議員や奈良県県会議員への立候補、あるいは山林局長など政府要職への就任を打診されたが断っており、「頗る権力を嫌う美風」（『人物画伝』）があったのだが、こと川上村に関しては別だった。

実は、この二年前に川上村村会議員になっていた。議員も村長も、おそらく周囲から懇願されて就任したのだろう。

国や県の議員や官職は断っても村の職なら引き受ける。そんなところに庄三郎の心魂が伝わってくる。ちなみに村長に在職時の報酬は、全額吏員に分配したという。

村長として取り組んだ大きな仕事は、村有林の整備だった。当時の自治体の財政基盤は貧弱だった。自前の財源を持たねば何もできなかった。現在のように国からの地方交付税交付金などはなく、人口の少ない山村では住民税に頼ることもできない。川上村の財政基盤は、木材税だった。紀州藩の口銀廃止に伴い設けた開産金を、一八九四（明治二七）年に川上村特別税に改制している。この点が全国の多くの山村とは違う点だ。

庄三郎は、村独自の財源を持つため、村自らが山林を持って木材収入を上げれば財政も安定すると考えたのである。

目をつけたのは、村内でもっとも標高の高い位置にある高原集落である。周辺の山は雑木林だったが、過度な焼き畑と炭焼きのためかなり荒れていた。そこで二〇〇ヘクタールの山を一〇〇年間租借して人工林を作る計画を立てた。

庄三郎は自ら五回訪れ、住民を説得しつつ土地を鑑定して一〇〇年間を六〇〇〇円で借地する契約をした。この借地料は、村ではなく土倉家が寄付したと伝えられる。集落では一戸三〇円ずつ分配し、

土倉家の菩提寺である龍泉寺門前（筆者撮影）

これは寺と薬師堂の修繕に使ったという。またスギとヒノキの苗畑を作り、地域に雇用も生み出す。間伐の際にも収益の一割を地元に還元した。

なお村長職とは関係なく、還暦を迎えた際に土倉家から大滝の龍泉寺の本堂再建資金として一〇〇〇円、維持費一〇〇〇円を寄進している。三年後に山林五反六畝二〇歩も寄進した。寺にも自前の財源を持ってもらおうとしたのだろう。上地処分とは反対の考え方だった。

ただ寄進した山林は「皆伐ハ百年以上ナス事ヲ得ズ」という厳しい条件で、一〇〇年後も寄付者および信徒の協議を経ず、これに代わる基本財産を得ていなければ皆伐してはいけない、とただし書きがつく。残念ながら、この条件が守られることはなかった。山林は半世紀経たない太平洋戦争中に軍の要請で伐られてしまったそうである。

8 『樹喜王』還暦の大風呂敷

庄三郎が還暦時に行った事業の中に、五社峠越えの街道の修復・拡張がある。過去の拡張で荷車を通れるようにしたが、その後も人々や物資の往来は増し続けて街道の重要性は増していた。そこで、より広い道にしたのである。峠には茶店も開かれていた。

だが庄三郎は、もっと野心的な計画を持っていたと言われる。
それは山にトンネルを掘ることだ。峠を越える道は急坂だから、必ずしも急ぎの旅に向かない。また吉野川の渇水期には筏を流せなかった。木材を出荷できなければ林業は成り立たない。そこで川上村と上市の間の山にトンネルを通す構想をぶち上げたのだ。人の行き来が便利になるだけでなく、牛馬による木材搬送も可能になる。木材を安定供給すれば、吉野材の価値もさらに上がるだろう。

本書冒頭に記したように、現在の五社峠の下には二本に分かれてトンネルが穿たれている。吉野町側の中山トンネルは二〇六メートル、五社トンネルは一三六〇メートル。完成したのは一九七〇年と七三年だ。

庄三郎の計画したトンネルは、どんなルートを描いていたのかわからないが、直線的に結べば延長一〇〇〇メートルを超える規模になる。これほどの道路トンネルは、当時の日本にはない。鉄道のトンネルでも数えるほどだったろう。それを民間でつくろうとしたのである。

総工費は約二〇万円を超えると見込んだらしい。これを土倉家だけでつくろうとした。しかし『評伝』によると、寿子夫人が「一人で事業を行うのは差し控え、ほかの林業家に参加を求めては」と進言したという。金を惜しんだというより、公道は皆でつくるべきという意見だったようである。土倉家だけが突出することを諫めたのかもしれない。そこで庄三郎が一三万円を負担し、残り七万円の出資を川上村に山林を持つ林業家に出資するよう依頼したが、いずれの林家からも拒否された。

そこで県にも声をかけた。『回顧七十年』（正木直彦著）には、「土倉家で二〇万円分を出すから不足分は県費で賄ってもらいたい」と奈良県議会に提議したと記されている。だが当時、奈良県で馬車に乗っていたのは土倉家だけだったので、「土倉さんは自分が奈良へ馬車通ひをする為にそんな事を云ふのだらう」と不真面目に扱われてしまった。その後に「独力でトンネルを開いた」と記しているが、これは勘違いである。

後に庄三郎は「自分はあのとき、二〇万円を出すのは容易であった。強行しておけば、今頃は村の人がどんなに助かったか知れない。一生のうちでただ一つ、心残りである」と語ったという。（『評伝』）

還暦祝いは盛大に行われた。各界から多くの来客があり、全国から祝電が届いた。山県有朋からは、還暦の祝状とともに号として「樹喜王」が贈られた。

また還暦の翌年（一九〇一年）、台湾の先住民も来訪している。龍次郎が、彼の事務所で働いている先住民のウライタイヤル族を日本旅行に招待したのだ。族長のほか女性も含む六人で、そこに龍次郎と部下の尾形正基、中国人の遊世清を加えた一行だったという。先住民の一人が、庄三郎を龍次郎の兄と間違えたという逸話がある。当時の龍次郎は髭面で、かなり年かさに見えたらしい。

台湾日日新報の記者も同行しているが、その記事「日本旅行記」によると、一一月下旬に基

庄三郎還暦祝に来日した台湾人と大滝の人々

隆港を出発して大阪に着き、大阪城（当時は城跡）や陸軍の練兵場で陣立や号令などの訓練の様子を見学した。水族館も行ったという。その年大阪難波にオープンした「日本水族館」だろうか。また奈良では東大寺を参拝した。大仏を見て「仏像が本当の人だったら、怖いだろうな」と言い合ったとか……。

川上村には、先住民が暮らすための家が建てられた。そして滞在中は林業技術を学ぶ研修も行ったようだ。台湾の亀山でも、大々的な植林を始めていたからである。また彼らは、村で踊りなどを披露した記録も残る。

龍次郎は、当時の大滝小学校の校庭の一角に、台湾から持ち帰ったコウヨウザン（中国杉、広葉杉）の苗を植えた。ここ以外にももう一本見つかっており、二本が確認できるが、どちらも大木となっている。また庄三郎の死後に建てられた銅像の写真（当時は、芳水館跡地にあった学校の敷地に建っていた）にも、背後にコウヨウザンが二本写る。何年に撮影したのかわからないが、木はまだ細いから大正年間だろう。こちらの木が現在残る一本と同じかどうかわからない。いずれにしても、龍次郎は、村の各地に植えたのではなかろうか。

近年、日本でもコウヨウザンは成長が早いから収益を早められると植林が勧められている。広島など各地に実験的に植えられるようになったが、龍次郎ははるか前にコウヨウザンの森を吉野につくろうと考えたのかもしれない。

庄三郎の人生でもっとも賑やかな時代だった。土倉家文書には、土倉翁還暦寿歌が伝えられている。詠み人は何某従二位隆一とある。村の還暦祝いの席で披露されたものだろう。

さまさまに変れる世をば六十路あまりつみし君こそめでたかりけれ
耳さへも心にかなふよはひをハまたも重ねむ君そ尊き

還暦から三年後、六郎が亡くなった。土倉家に暗い影がさし始めた。

第6章

逼塞の軌跡と大往生

1

六郎の死がもたらす影

六郎は、庄三郎四二歳の時の息子である。同志社で学んだ後に東京の城北尋常中学校に進み、卒業後は鹿児島の第七高等学校造士館へ進学する。薩摩藩八代藩主の島津重豪により設立された藩校に起源を持つ由緒ある高等学校である。

ところが入学まもなく肺患（おそらく結核）を患い、中途退学して大阪府堺市浜寺にある石神病院で入院生活を送る。だが一九〇三（明治三六）年一月、息を引き取った。二二歳だった。秀才の誉れ高く、庄三郎がもっとも可愛がった六郎は、一一人の兄弟姉妹の中で最初に亡くなったのである。

六郎は、臨終の床で義兄の佐伯理一郎（姉・小糸の夫。医学博士）に洗礼を受けていないことを遺憾に思うと言い残した。同志社在学時にキリスト教へ入信していたようだ。葬式は大滝で行われたが、仏式だった。同志社からは理学博士の中瀬古六郎やデントン女史など多くの信徒が駆けつけ参列した。それを見た庄三郎は、「諸君がここまでお出でなさるのであれば、葬儀もキリスト教式で行ったものを」と語ったという。

川田順は、一高から東京帝国大学に進学していたが、鶴松より六郎の死を知らされた。その年の春に墓参りのため、川上村を訪れた。庄三郎は懐かしがってくれたが、母の寿子は翌朝まで顔を見せなかった。泣き顔を見せたくなかったからだという。

墓は、土倉邸の裏山のスギ木立の中にあった。五郎が案内したが、まだ墓石はなく、木標だった。ここで川田は一首を手向《たむ》けている。

二十年の清きいのちもともしきに奥津城めぐる山川の水

六郎の死後、庄三郎は村長を辞し、家政を鶴松に譲った。そして、これまで以上に外向きの事業を手がけるようになる。

一九〇六年六月に大滝修身教会をつくった。村人に「教育ニ関スル勅語」（教育勅語）を学ばせる修養会である。毎週土曜日の夜に（大滝の）村人を集め、全員で唱和したという。庄三郎自ら演壇に立ち、講話を行った。古今東西の賢者の逸話のほか、学者や各界の専門家のもっとも新しい学説や思想の紹介、そして山林事業について論じた。

教育勅語は、一八九〇（明治二三）年に明治天皇によって発布された教育指針である。よく知られる「一二の徳目」は、親や兄弟、友人たちと仲よくしろ、勉学に励めなどの一般的な道徳目標だが、土倉家の家憲内容と似ている。庄三郎は、教育勅語を学徒だけでなく、「簡潔にして余すことなく人間生活の理想が示されている」から国民が学ぶべき指針としていた。改めて教育こそが国の基本だという思いを強めて、大滝修身教会を設立したのかもしれない。

教会の学舎は、現在の大滝公会堂のある場所にあった。教会に山林を寄付して、そこから運営費を賄わせる算段をしている。この山林は大滝の「区有林」となり、その会計から大滝の自治会費用も賄う。大滝では現在でも区費を徴収していないそうだ。

教会設立の翌年に、私学校・芳水館を運営費三〇〇〇円を添えて村に寄贈した。それが後の川上村立第一中学校となる。また大滝青年会にも一〇〇〇円を寄付している。村のためにやり残した仕事を急いで仕上げようとしたかのような印象を受ける。

村外では、一九〇七（明治四〇）年より原六郎の依頼で兵庫県の但馬地方（朝来）の植林事業を開始した。富子が嫁いだ原家の故郷である。

一方で大滝を訪れる林業関係者は年々増すばかりであった。吉野林業を学びたい人が視察に訪れるのである。林業指導も庄三郎にとっては生涯をかけた仕事となった。全国の林業学校の生徒たちが訪れて指導を受けたとか、スギやヒノキの苗の斡旋を頼まれたといった話が伝わる。庄三郎だけでなく、大滝に残る鶴松や五郎も案内役になっていたようである。

昼間は、ともに山に入り、手にとって造林の技術を教えるに留まらず、夜は宿舎で夜更けまで庄三郎自ら講義した。木を育て、森をつくるには、土壌を見ることが大切であること、痩せた土地でも注意すれば立派な森林がつくれることを、語るだけでなく自ら実践し成功させた豊

かつて大滝にあった千年杉と土倉庄三郎(右から２人目)(絵葉書)

富な事例とともに教える。そこには、いろいろな逸話が残る。

視察者が、吉野の木はよく育っているが肥料に何をやりますか、と尋ねたところ、笑って腰の鎌を示したという。草や雑木を除くことで植林木の生長をうながす。また刈り取った下草を木の根元に置けば、肥料になると説明した。さらに山に履き捨てられた草鞋を示して、草鞋の数が多いほど木は育つと言った。林業家が山へ頻繁に通うことで、木は育つという意味だろう。

他人の山であっても、木に蔓が巻きついているのに気づけば、すぐに切る。自分には利益がなくとも「この木は何年か後には国家の役に立つ大木になってくれる。この藤蔓を見逃すことは、いままで育てた苦労を無駄にしてしまうことである。藤蔓を切りに行く苦労は、一木を助けた喜びに比べると微々たるものではないか」と語っている。

そして「殖林富国」（「殖林」とは、庄三郎が好んで使った文字）を説いた。森をつくることは、国を富ませて役に立つという考えだ。

庄三郎は、年間一〇万本から一〇〇万本の苗を植えた、平均して三〇万本は植えただろうと晩年に語っている。吉野は一ヘクタール一万本植えが基本だから、毎年三〇ヘクタール程度の植林を行っていたことになる。それを約六〇年間続けたのだ。

大滝を訪れる視察者は、通算一〇万人に達した。川上村は、全国で模範とされる輝ける山村となった。山村には貧困のイメージが濃くあるが、庄三郎は、森こそが村を豊かにし、村には国家に貢献する力があると伝えようと懸命だった。

この時期、龍次郎は台湾に渡り、鶴松に加え四郎と五郎も大陸雄飛の夢を見ていた。亀三郎は養子に出している。家業に身を入れる子息は見当たらない。

2 在家の大谷光瑞

家政を継いだ鶴松は、林業にはあまり興味を示さなかった。視察者を案内した記録もあるから、若い頃に林業を仕込まれたことは間違いないが、地道に山へ木を植える仕事がなじまなかったのだろう。

大滝を訪れた川田順は、当時三一歳だった鶴松の印象を「山林王の嗣子らしく、沈着さうな壮年の紳士であった」と記している。長男だから「太郎」と呼ばれていたという。

六郎と夕涼み中に「トランプがしたいなあ」と言うと、鶴松は「学生たる者が賭博に瀕する遊びをするものではない」と叱ったという。そして吉野川対岸の断崖に立つ一本のスギを指さして、「男子はあの杉のやうに生長しなければならぬ」と訓戒もした。

龍次郎の同窓で実業家の津下紋太郎の自伝にも、鶴松が登場する。

津下は龍次郎に誘われ川上村を訪れて鶴松と会った。鶴松が三〇代半ばの頃だろう。彼を「いわゆる若主人」と表現するが、意気投合し「国内を歴訪し世間の実相に触れ、併せて地方の人物採訪を試みてはどうか」と提案され、津下は諸国漫遊の旅に出たという。

津下の記す鶴松像は「体軀堂々、身長五尺八寸、体重二六貫の偉丈夫」である。身長一七五センチ、体重九七・五キロならば、当時としてはかなり大柄だ。そして「事に処して決行果断、夙に天下四方の志を抱き、財を散じて有為の人材を索《もと》めてゐた」「大きな夢を見る人であった。そして大きな夢を実現すべく果断決行する人であった」と記す。

龍泉寺の住職だった古瀬順啓によると、父・霊隆が鶴松と同じ世代で仲がよかった。「鶴松は、書と碁が上手く、剣道が強かった」と聞かされたという。

このような記録を見ると、鶴松もひと角の人物のような印象を受けるのだが、庄三郎が父庄右衛門から受けたような厳しい教育はなされなかったようだ。庄三郎自身が忙しく各地を飛び歩いていたから、鶴松にあまり直接的な指導をしなかったのかもしれない。

土倉鶴松（写真提供：中辻家）

津下は「土倉家には国士気取りの支那浪人が相去来して恰も梁山泊を偲ばしむるものがあった。東洋平和の確立と日支の提携、国家百年の計を図って満蒙の経営といふことが、鶴松君の抱負計画であった」という。この遠大な計画を実現すべく、目に留めた青年を英米に留学させたり満蒙に派遣したりして実地を踏ませたとある。

佐々木安五郎もその一人である。佐々木は、山口県出身で一八七二年生まれ。鶴松よりわずかに若い。九州学院で中国語を学んで、日清戦争に陸軍通訳として従軍した。戦後は報知新聞の台北通信員を経て「台湾民報」の主筆を務めた。一九〇四（明治三七）年に内モンゴルを探検したことで名を上げ、日本の新聞では「蒙古王」の称号が冠せられる。号は照山。佐々木照山の方がよく知られている。後に衆議院議員になった。この探検を依頼したのが鶴松だ。

この二人が出会ったきっかけは、一説では北京の東亜同文書院の根津一院長の紹介という。根津は軍人出身で、佐々木を知っていた可能性が高い。当時の清国公使は内田康哉で、その妻が政子だ。四郎や五郎が大陸にいたことも関係あるかもしれない。

佐々木は、内モンゴルのトルホト王を日本に連れてきた。彼に〝国家〟を建設させて、日本と手を結ばせる計画だったようである。もっとも帰国させる資金がなく、結局土倉家が用立てている。ほかに「蒙古で金鉱探しをしていた」という話も伝わる。晩年は、メソポタミア文明を築いたのがモンゴル人で、モンゴル人の祖先は日本人とする珍説を唱えるなど、どこまで本気かわからない人物だ。

いずれにしろ、佐々木は蒙古の王族との人脈を誇り、鶴松も蒙古に人脈をつくりたがってしきりに金品を送った。ほかにも鶴松は、モンゴルの王族や西域の僧侶たちに多額の金品を贈った。金銀宝石を満載した船を送り出したが、肝心の船は、朝鮮半島の東岸で沈没したと伝わる。この話自体が怪しくて、本当に船が沈没したのかさえ判然としない。沈没したことにして（佐々木が）横領したのではないか……そんな噂さえ漂っている。

一方で意外な人への資金提供も行っている。庄三郎の孫・正雄（龍次郎の四男）の妻宣子の話である。彼女は戦後西域愛好家の「シルクロードの会」に入っていて、大谷光瑞《おおたにこうずい》の第三次敦煌《とんこう》探検隊隊員だった吉川《よしかわ》小《こ》一郎《いちろう》に話を聞きに行ったという。おそらく一九七〇年前後である。

吉川が宣子の姓に興味を示した。土倉家のことを話すと「土倉さんにはお世話になりました。上の人が、土倉さんに言えばいくらでもお金が出たと言っていました」という。

浄土真宗本願寺派（西本願寺）の法主だった大谷光瑞は、三度にわたる西域シルクロードの探険を行った。莫大な資金を投入して探検を遂行したことで教団の財政は傾き、光瑞失脚につながるのだが、そこで土倉家の金が求められたのだろう。

第三次隊では、一九一〇（明治四三）年から一四（大正三）年まで橘瑞超《たちばなずいちょう》と吉川小一郎の二人が派遣されている。吉川の語る「上の人」とは、橘瑞超か、もしかしたら大谷光瑞その人かもしれない。ちなみに鶴松は、「在家の大谷光瑞」と呼ばれたこともある。

おそらく鶴松は、気のよい、しかし人を見る目のない人物だったのだろう。私には単に放蕩したというよりは、鶴松が人や事業に投資した父を真似るとともに、父以上の業績を残すべく虚勢を張ったように感じる。

しかし、そこに熟慮の後は見られない。庄三郎も多くの人々を援助したが、人物と企ての真贋を見抜く目があった。見限ればびた一文出さなかった。また土倉家に巨額の借金を抱える家に、さまざまな心遣いを見せる一方で、利息は一分もまけなかった話も伝わる。そうした峻厳さは、鶴松に見られない。

一九〇三（明治三六）年発行の『人物の解剖』という書籍の土倉庄三郎の項には、最後の文節で、「早晩、鶴松と庄三郎の間に意見の相違が出るのは免れない」と予言めいたことを記している。筆者は「岳淵生」とあるが、父子を取材して感じるところがあったのではないか。

ただ、この程度の鶴松の寄付や人物への投資ならば、事業家としては失格でも、土倉家の旦那として鶴松は過ごすことができただろう。しかし彼の事業熱は、これで収まらなかった。

3　鶴松、痛恨の事業

鶴松は、他人に寄付や出資するだけでなく、自らも次々と事業を起こした。

なかでも土倉家の屋台骨を揺るがせた事業は、北京での「擬革」製造である。「擬革」とは、水牛の革のことだ。当時はあまり出回っていなかった水牛革を商品化する技術を開発したという人物から特許を購入して会社を起こしたのである。

土倉井上製革会社である。共同経営者に井上次八の名があるが、何者かわからない。大阪新報に鶴松の盟友と記される「井上亀三郎」と同人物と推察するが、相貌は大久保利通に似て、奇行百出、鶴松とともに金子をばらまいて遊んだという。

一九〇八（明治四一）年、中国に工場を建てる計画がスタートした。東南アジアから輸入する安い水牛の革を仕入れてなめし、軍部に販売する計画だった。軍の用品には皮革製が多いから、もし採用されたら、国に貢献しつつ大いに利益も出る、という目論見だった。

だが、翌年に五〇万円の損失を出し、事業は頓挫した。工場は稼働する前に破綻したのである。工場に視察に行くと、一度見せた製品を裏から再び前に運んでたくさんあるように見せた……という逸話が伝えられる。ようするに、事業の失敗というより計画自体が詐欺だったのではないか。工場建設に投じた二〇〇万円は、雲散霧消した。

なお水牛革は、今ではバッファローと呼ばれて高級素材扱いだ。柔らかいのに水に強くて丈夫だからハードな使い方に向くという。商品化に成功していたら、決して悪くない事業だったはずなのだが、結局はずさんな計画だったのだろう。

ほかにも傷口を広げたのが、炭鉱事業である。清国の政商にして郵伝部大臣も務めた盛宣《ションシュアン》懐《ホワイ》との協同出資で、北満州で炭鉱開発を行うというものだった。しかし、炭鉱の正確な場所はわかっていない。五郎は「センコウ炭山」と説明しているが、後に川田順が調べたものの、どこにあるのかわからなかったようである。

盛宣懐は、製炭や製鉄事業のほか、大学の設立や電報事業、さらに赤十字の設立まで行った事業家でもある。しかし、本当に彼の事業だったのか。高名な政治家の名を持ち出して鶴松に事業計画を吹き込んだ人物がいて、金を引き出しただけかもしれない。

津下紋太郎の自伝には、鶴松は蘇州炭山を経営したり、モンゴルに鉱山技師を派遣して金山の採掘を試みたりした、と記されている。どこまで現実的な計画だったかわからないが、いずれの事業も資金は土倉家の負担だった。ほかにも瀧野家に養子に行った亀三郎とともに朝鮮の咸鏡道《ハムギョンド》清川に五〇～六〇町歩の土地を購入して農園を開いたとか、五郎と清国安東《アンドン》県（現在の遼寧省にあった地名）に日清公司という材木店を設立したという話もある。

鶴松が手がけた事業は五〇件を下らないが、手がけた事業の数だけ失敗したとされる。その度、土倉家は消耗した。

川田が五郎に聞いたところによると、一九〇七（明治四〇）年に鶴松が手形を書き捺印するのを見たという。その約束手形には、「金参百万円也」と書かれてあった。さすがの五郎も驚いたが、何も言わず、その夜庄三郎に事の次第を告げた。

「こんな手形を振り出しては土倉家の屋台骨がゆがみます。お父さんは御承知されているのですか」と五郎は質問した。すると庄三郎は格別驚いた様子も見せず「わしは知らん。たいへんな金額だな。けれどもわしは既に家業の表面から退き、一切鶴松に任せたのだ。鶴松が自由にするのはやむを得ない。財産というものは、増えもすれば減りもする。減っても、いつの間にか増えることもある。すべて土倉家の運次第で、人間の勝手にはならない」と答えたという。
（『評伝』より）

いかにも庄三郎らしい物言いだが、後に痛恨の極みとなる。事態を十分に把握していなかったのか、何があろうと一切口を出さない覚悟を決めていたのか。

明治末頃の三〇〇万円は、今なら一〇〇億円を超えるだろう。何のための資金だったのかわからないが、時期的には擬革製造工場建設のための資金かもしれない。そして事業は頓挫した。これだけの金額が焦げつけば、さすがの土倉家の身代も傾く。

鶴松は、鴻池銀行から現金五〇万円を高利で借り出し、目先の破産を回避しようとしたが、これが最後の打撃となった。なぜなら鶴松は庄三郎に諮ることなく、山林のほとんどを抵当に差し出したからである。

さすがに土倉家の力の源泉を一気に失うことになるとは、庄三郎も想定していなかったに違いない。しかし、返済が滞れば山林は接収されざるを得ない。

ついに鶴松が庄三郎に打ち明け、土倉家の奥座敷で親族会議が開かれた。具体的に誰が参加したのか、話し合いの様子などはわからない。だが責任追及もさることながら、借金の返済方法が検討されたのだろう。それが一九〇九（明治四二）年とされる。

まず全国に植林した権益を売却することになる。群馬県の伊香保や滋賀県の西浅井村沓掛、兵庫県の但馬、吉野郡宗桧《むねひ》村勢井《せい》（現・五條市）などが挙げられる。合わせると数千ヘクタールになるはずだ。買い手は、長女の嫁いだ原家が多い。原六郎は日本有数の財産家であり、土倉家に縁があり林業経営に理解のある家に渡そうとしたのかもしれない。しかし、まったく足りない。弟平三郎に分けられた山林もほぼすべて処分することになった。だが焼石に水であり、川上村内のもっとも価値の高い山林も売却せざるを得ない。

庄三郎は、収集した骨董や高価な家具類を数回に分けて入札で売却した。引き受けたのは山中商会で、日本における初の個人の売り立てだとされている。秘蔵の掛け軸や骨董類、佳器珍什の類、羽二重の夜具一〇〇人分もことごとく手放した。体面を考えて、運び出すのは暗夜だったというが、大八車が延々と曳かれ、山路を遠ざかった。庄三郎も、さすがに顔を覆って泣いたと伝えられる。その代金は二十数万円にもなったという。

身内でもっとも犠牲の大きかったのは、龍次郎かもしれない。実は本家の破綻前に台湾を引き揚げていたのである。

龍次郎は、台湾で樟脳生産のほか、租借した一万ヘクタールの山で造林事業を行っていた。さらに水力発電事業を企てて台北電気会社を立ち上げていた。資本金四〇万円の半額を龍次郎が引き受け社長に選出された。ところが本家の出資が難しくなったため、京都電燈会社に引き受けてもらえるよう交渉を行っていた。

しかし台湾総督府の後藤新平長官が、龍次郎の事業を買収する決定を行った。電力事業は民間に任せず国家が担うべきという判断だった。一九〇三（明治三六）年のことだ。まだ土倉家が傾いた時期ではないが、ちょうど鶴松が中国で鉱山開発などに乗り出した時期と思われる。そちらに資金が回され余裕がなかったのかもしれない。

会社の解散で龍次郎が得た補償金は、一万二〇〇〇円だった。龍次郎は、それを本家に返還したと伝わる。津下などの幹部は二〇〇円の手数料を受け取っただけだ。

造林事業も資金難に陥った。収益の柱である製脳事業も、徐々にクスノキが減少し生産量を低下させていた。そこで津下が三井合名会社（三井財閥の持ち株会社）に出資を申し込む。「三井家では他人に資金を貸与して事業を成さしむことは不可能であるが、その事業を買収して三井の経営に移すことならば相談にも乗るという意味の返事であった」「私達の事業は中途挫折しても之を三井の如き大家の手に托せば、必ず成功の日もあらう。当初の目的さえ実現されば私たちは満足である」。（『津下紋太郎自伝』より）

一九〇七（明治四〇）年、山林事業と製脳事業を三井に約一二万円で売却する。「それまでの投資額は約一〇万円だったから、この売却は失敗ではない」と津下は記すが、龍次郎の無念は察するに余りある。渡台後の調査から始まる表に出ない莫大な経費と一二年間の苦労を考えれば、とても引き合う額ではなかっただろう。

売却益は、ほとんど土倉家に差し出した。この年は、鶴松が三〇〇万円の手形を切った年だから、鶴松から資金を求められたのかもしれない。さらに売却時に龍次郎個人が受け取った報酬も本家に渡した。その額は、育林費が二万円、また電気会社を手放した後に総督府の顧問として経営に携わっていたが、それを辞して受け取った功労金二万五〇〇〇円も土倉家に差し出したと伝えられる。

そんな本家救済策も追いつかなかった。土倉家は財産の大半を失うのである。

龍次郎は、一九〇七年一一月に妻と台湾で生まれた幼い娘二人を伴い、日本にもどった。まず温暖な神奈川県大磯に滞在し、半年後に東京府芝赤羽橋に移転した。まだ三七歳である。後半生はここから始まる。ただ、川上村にもどらなかった彼の心の内も察したい。

ほかにも親族兄弟一同は、みな本家のために財産をなげうったが、この危機を回避することはできなかった。やがて大阪から鴻池銀行の監督官が土倉邸に乗り込み、財産の処分を手がけた。多くの山林が四散していく。

土倉家逼塞の経緯については謎が多い。どんな事業にいくら注ぎ込んだのかさえはっきりしない。鶴松は、人を疑わず、深く詮索することもなかった。記録も残さなかったのである。鶴松を焚きつけて無謀な投資に駆り立てた人物として、新聞記事には土倉家の番頭の名を挙げているが、今となってはその人物の存在自体を確認できない。おそらく一人ではなく、多くの取り巻きが土倉家という蜜に群がったのだろう。

龍泉寺の古瀬順啓住職は、鶴松がまったくのぼんくらだったとは思わないという。父の鶴松に関する評価は、それなりの人格者だったそうだ。また吉野林業の視察が引きも切らずの頃は、庄三郎に代わって鶴松が山を案内しつつ解説した記録があるのだが、結構精密な造林技術を語っている。林業に関してまったく無知だったわけでもない。

ただ周りにちやほやされて、人を見る目に難があった。怪しげな人物の持ち込む話にすぐ飛びつくのである。何か事を成したいという気持ちが強かったように思える。偉大すぎる父に負けまいという思いが無謀な事業にのめり込ませたのだろうか。

4　孫たちが見た翁の日常

土倉家の多くの財産は失われたものの、土倉屋敷から見える範囲の山は、土倉家のものとして残されたという。土倉家文書を調べた谷彌兵衞によると、この時期でも年間数千円の収入があった。また庄三郎の死後に孫名義の預金通帳もたくさん発見されている。完全に破産したわけではなかったようだ。

だが、土倉家を覆う暗い影は容易に晴れなかった。

一九〇八（明治四一）年五月、京都の佐伯病院で妻の寿子が六二歳で亡くなった。最後を看取ったのは、佐伯夫人である四女の小糸と、大滝出身で同病院の看護師だった松本修子だった。

その年の七月に、川田順は再び六郎の墓参りに大滝を訪れたが、庄三郎は姿を見せなかった。土倉邸にも寂相が漂っていた。使用人の数は減っており、以前は賑やかだった広い土間にも、寂しさを感じたという。手記には「奥の方はしんかんとして薄暗く、すべてが陰気で、変わらぬは早瀬の響きばかりだ」とある。

まだ破綻する前年だが、すでに落日の気配が漂っていたことがわかる。

三年後、鶴松の妻容志が病に倒れ、佐伯病院に入院して一月下旬に亡くなった。病名は不明だが、土倉家逼塞の心労も重なったのだろう。容志の担当も、松本修子だった。

鶴松は、家を出て北は函館、西は長崎、さらに朝鮮から満州（当時）まで各地を放浪する。頭《とう》山満《やまみつる》が総帥の福岡の政治結社玄洋社の門もたたいたらしい。しかし浪人生活に到底向かない鶴松は、結局、京都に居つく。

そして鶴松は、松本修子（結婚後、ナラヱに改名）との再婚を願い出た。二人の間にどのような交流があったのかわからないが、鶴松四五歳、ナラヱは二〇代半ばだった。

庄三郎だけでなく、一族皆が猛反対した。家柄が違うという理由のほか、妻が亡くなって日が浅く、しかも相手が母と妻を看取った看護師だったからだろう。だが底流に、財産をあらかた失う事態を招いた長男への失望もあったように思える。一方で鶴松は、身の置き所のない土倉家で、心の許せる存在としてナラヱにすがった面もあるかもしれない。

結局、鶴松は折れることなく、再婚のために家を出る。

一一年の夏、鶴松は叔父の平三郎の家を訪ねて、「年寄りと子供を置いて家を出ます。よろしくお願いします」と泣いて去ったという。

庄三郎が残した巻紙の中に、この頃に詠んだとされる何度も書き直した一首があった。庄三郎が老境で半生を振り返った境地と読み取れば、寂然たる思いが伝わってくる。

国のため人のためとは思へどもなす事々に誤りしかな

鶴松と前妻容志との間には六人の子どもがいた。庄三郎は、彼ら孫を教育することを晩年の楽しみとしている。長男正治《まさはる》と娘が泰子、廣子、友子。次男の公作と光子（四女）は早くに亡くなったようである。

娘たち（主に泰子）が、庄三郎について記した文がある。

「幼い頃から女学校二、三年頃迄は、祖父は厳格そのものと言った感じだけしか汲み取れませんでしたが、然し大きくなるに従いその厳格の奥の深い愛情や厚い心盡しが段々と分かるやうになり、逝去後益々有難く感謝の内に本当になつかしく思い出すので御座います」

行儀作法に厳しく、長幼の序に極めて厳格だった。話す際も年上に敬語を使わないと注意された。子どもたちには、標準語を話させようとした。家人に対しては、和洋服いずれも端正な着付けをするようやかましかった。

毎朝毎晩、祖父の居間に行き、手をついて「おはようございます」「学校に行ってまいります」「ただいま帰りました」「おやすみなさい」などの挨拶をさせられたそうだ。食事の際の「いただきます」も、手をついて行う習慣になっていた。その日の読んだ新聞を渡す際も、ページを一分のズレもなく畳んでいた。

東京に滞在していた庄三郎に、正治が小学校三、四年生の運動会に勝った知らせを手紙で出したところ、誤字や文法の誤りのところに印を付けて正し、送り返してきたこともあったという。また孫の書き初めの練習には、自ら手を取って指導した。

よく貝原益軒や二宮尊徳の報徳の精神を称え子どもたちに教えた。孫たちに先祖の戒名を全部覚えさせたり、仏前で読経させたりすることもあった。家内にあるたくさんの神棚に、毎晩お灯明を上げた。宗教心は強いが、特定の宗教にこだわってはいなかった。

また本人は勝負事が好きだったが、孫には禁止したらしい。家族が花合わせ（花札の遊戯の一つ）をしていたら、孫の教育に悪いと焼き捨てたこともあった。

厳しいばかりではない。時々みんなを集めて西遊記や三国志の話を聞かせることがあった。その際も、年齢順に座布団にきちんと座り、両手を膝の上に置かねばならない。すると、庄三郎は愛用の木の根株でつくられた火鉢を脇に煙草盆を前にきちんと座り、「さあ、今夜は何を聞かせましょうかな」と言って話し始めるのだという。調子のよいときは三時間くらい話したが、その途中で好物の刻み煙草をキセルで美味しそうに吸う。

孫悟空の活躍などは面白くてたまらず、とても喜んで聞いたという。ただ同じ話を二度三度とすることもあって、面白いところを笑わないと機嫌が悪くなった。そこで泰子が弟妹たちに笑いなさいと命令した。逆によそ見をしたり、小さな弟妹が勝手に笑い合ったりしようものなら、激怒して部屋から出された。聞き手も大変である。

娘三人は、同志社女学校に進学した。庄三郎は寄宿舎から届く音信を非常に楽しみにしており、休暇で帰ってくるのを待っていたという。その後泰子は北川家、廣子は八馬家、友子は水谷家へと嫁ぐ。いずれも資産家の家柄だった。

正治は、熊本の第五高等学校に進学する。彼の同期には後の宰相・佐藤栄作がいて親友だった。また一級下に池田勇人もいた。同じ寮に入り仲のよい六人で寝食をともにしたという。その寮を「臥龍窟《がりゅうくつ》」と称していた。正治の泰然とした風情は大物を思わせ、仲間はいつか土倉正治を担ぎ世に出ようと考えていたという。

その後京都大学に進学するが、一九二四（大正一三）年に卒業証書を手にしてすぐに病で亡くなった。すでに庄三郎は世にいなかったが、土倉家の再興を託された逸材が失われたのである。後に首相を務めた佐藤栄作は土倉正治について聞かれ、「彼が生きておれば、オレなんか遠く及ばん。どんな大仕事をやっていたか」と目を潤ませて述懐した。また遺稿集「聖書にあらはれた刑罰観念」には、親友が「僕はいまだかって土倉君ほど大きな人間に会ったことがない。茫洋として捕へる所が無いと思へば、機鋒百出、端倪を許さぬ放れ業を演じ、巷間に飲むかと見れば山荘に瞑想すること数旬、到底常人の察知しがたい所があった」「彼の存在は実に吾々の大きな力であった。吾々は最後まで彼を押し立てて人類のために偉大な貢献をしてもらふことを誓っていた」と言葉を寄せている。

追悼の言葉とはいえ、ここまで書かれる人物はそう多くいまい。

5 庄三郎、最後の造林

庄三郎が手がけた最後の造林とされるのは、播州（兵庫県加東市）の御嶽山清水寺《みたけさんきよみずでら》の山林である。この寺は現在天台宗に属し、西国二五番札所の古刹である。推古天皇勅願で六二七年に根本中堂を建立されたとあるから、同じ清水寺でも、七七八年開山の京都東山の音羽山《おとわさん》清水寺より古い。

だが、明治政府の上地処分により山林を中心とした寺領の大部分を召し上げられて官有地にされていた。それでは寺の運営が立ち行かない。

そこで返還運動をセメント製造事業で財を成してセメント王と呼ばれた浅野総一郎に依頼する。現在の太平洋セメント株式会社の創業者だ。一九〇六（明治三九）年に運動が功を奏して返還が認められたが、浅野は返還された山林価値の八割を謝金として支払うよう契約していた。この謝礼があまりに高額だと、今度は砂川雄俊弁護士を代理人として寺は訴訟を起こし、最終的に三〇万円で決着した。

だが、寺には現金がない。また砂川弁護士にも謝礼を払わねばならない（こちらも一二万円と高額だった）。そこで返還された九四〇町歩の山林の木を伐採して資金をつくろうとした。ところが国は、治山と景観上の理由から伐採を許可しなかった。

そこで寺は、庄三郎に仲介を依頼した。庄三郎は農商務省に働きかけ、跡地は責任を持って造林すると誓約して伐採許可を取り付ける。

一九一三（大正二）年、庄三郎は川上村から中平留吉、上西丑松などを派遣して造林の指導を行った。多いときは川上村から一〇人以上が現地に滞在して造林を行ったという。吉野杉の種子から苗を育成し、約二四〇町歩の造林を行った。終了したのは翌年である。庄三郎、最後の造林事業と言えるだろう。

私は、二〇〇九年に清水寺を訪れた。たしかに寺の周辺には山林があったが、樹齢は若いように見える。案内してくださった清水谷善英住職によると、先々代の住職が派手好きで、その資金を得るためかなり山林を伐採してしまったという。そのため庄三郎が植えたスギ林は残っていないとのことだった。ただ山間には、幾本か巨樹がかいま見られた。これらの樹齢が一〇〇年を超えていれば、庄三郎が関わった木かもしれない。

山麓にあった清水寺里坊知足院は、造林時に吉野から派遣された人々が寝泊まりするために建てた家をそのまま転用したものだった。屋根の膨らんだ曲線が、吉野によく見られる家屋のタイプなのだそうだ。一般にはむくり屋根と呼ばれ京の町家にも多い。

その知足院近くに「垂不朽《すいふきゅう》の碑」がある。庄三郎没後二年に建てられた顕彰碑だ。撰文は庄三郎の旧友・藤澤南岳。建てたのは、恩義を感じる鴨川村（現・加東市）・藍村（現・三田市）の人々だという。

最後に「嗚呼土倉君は今は亡い。余は彼と交情があり、最も親しかったので熟知しているが、温厚で幾分の俠気があった。積んで参じる尋常でない豪族であった」とある。庄三郎の性格を端的に示した言葉だろう。

私が注目したいのは、この紛争仲介に支払われた謝礼である。もともと寺は庄三郎に伐採事業も依頼したそうだが、庄三郎は仲介整理者が事業を請け負ったのでは理に合わないと辞退したそうだ。代わって請け負った業者は、数十万円の利益を上げたという。

『評伝』には、立木売上総額が七五万円で、浅野・砂川への謝礼が四二万円、寺門基本

播州清水寺にある垂不朽の碑（筆者撮影）

金一〇万円、建築費（焼失した建物の再建）に一〇万円、比叡山延暦寺に納付五万円、付近風致林買い戻し費三万円、そして庄三郎への礼金二万円が支払われたとされる。庄三郎は、陳情の過程で一万円に近い経費を自ら使ったというから、とても割に合わない。

新聞には、庄三郎に一二万円の礼金が用意されたが、彼は断り、関係者に分与させたと記されている。ただ二万円だけを受け取り、その金を兵庫県に寄託し、寺の最寄り駅だった相野停車場から清水寺に至る道路の建設に使うように申し出たのだという。

ここで疑問が湧く。一二万円という額は、往時の土倉家からすれば取るに足らないかもしれないが、この時期には少なくない金額のように思う。あるいは事業全体を請け負えば数十万円の利益を得ることができた。それらを元手に、土倉家の再興を企てようと思わなかったのか。失った山林を再び買い戻し、山林王に返り咲くチャンスである。

しかし、庄三郎はそれを潔しとはしなかった。年齢的に新たな事業に取り組む余裕がない、あるいは恬淡とした境地だったのか。託せる後継者がいなかったのかもしれない。

なお、この清水寺仲裁事案の翌一五年には、兵庫県八鹿町にある妙見山日光院の所有林を巡る紛争にも関わったようだ。明治初年に上地令で国に取られた妙見山の山林が三〇年以上を経て返還されたのだが、今度は神仏分離令で分離された神社が裁判を起こしたのである。庄三郎はその仲裁にも力を注いだという。また礼金は、すべて地元の集落へ分配したとされる。

6 後南朝にかけた誇り

晩年の庄三郎が心を砕いたテーマが、尊秀王《そんしゅうおう》御墓問題だった。

川上村神之谷《こうのたに》の金剛寺には、北山宮尊秀王（自天王《じてんのう》）の墓がある。ところが一九一二（大正元）年、政府は史跡指定で尊秀王の墓所は上北山村の瀧川寺とすると発表した。そして金剛寺は尊秀王の弟・河野宮忠義王の墓所とした。

これは川上村民にとって、驚天動地の出来事だった。庄三郎にとっても土倉家の誇りをかけた大問題となる。だから庄三郎は老いた身に鞭打って動いたのである。

とはいえ、この墓所問題は村外の人には理解しにくい。隠された日本史の闇をたどらなければならない。遠回りのようだが、時代を六〇〇年以上遡ろう。

後醍醐天皇は、鎌倉幕府を倒して「建武の新政」を行うが、三年で破れた。足利尊氏が京都室町に幕府を開き光明天皇（持明院統）を立てたのだ。そこで後醍醐帝は一三三六年に吉野に別の王朝（大覚寺統）を開く。世にいう南北朝時代の幕開けである。

南朝は四代を重ねたが、一三九二年に南朝の後亀山天皇が京都に還幸《かんこう》して北朝の後小松天皇に譲位し南北統一となる。次代皇位を大覚寺統から出し、以後交代で継承する和約をし、南朝方にあった三種の神器を差し出した。ここまでは、よく知られている。

　しかし、後小松天皇は皇太子に弟（後の称光天皇）を立てた。約束を破ったのである。一四一〇年、後亀山法皇は隠棲していた嵯峨野から密かに吉野にもどる挙に出た。その後の彼の血統を後南朝と呼び、二朝並立が繰り返されたのである。

　後南朝は、時の政権に不満を持つ勢力に担がれることで、一定の勢力を保ち続けた。一四四三年九月には、北朝の後花園天皇の内裏を襲撃し、三種の神器のうち神璽《しんじ》（勾玉）を奪取する「禁闕《きんけつ》の変」を起こす。同年、後亀山法皇の曽孫の尊義王が亡くなり、その子、尊秀王（自天王）と忠義王が皇胤《こういん》を継いだ。彼らは川上郷に分散して居を構えた。

川上村は、後南朝・長禄の変の舞台である（筆者撮影）

そこに赤松家の旧臣が神璽の奪還をめざして川上郷に潜入した。当時赤松家は断絶していたが、旧臣たちは神璽の奪還で武功を立て再興を果たそうとしたのだ。

一四五七年一二月二日の大雪の夜、彼らは上北山村の瀧川寺に滞在していた一八歳の尊秀王と一二歳の忠義王を八人で襲い、二人を惨殺して首を取り、神璽を奪った。(この経緯は赤松側の資料による。川上村の伝承では、忠義王は病没したとある。)川上郷民は彼らを追跡し、雪に阻まれて逃げ遅れた旧臣たちを格闘の末に倒し神璽と皇子の首を取り戻す。尊秀王の首は金剛寺に葬った。

この事件を「長禄《ちょうろく》の変」と呼ぶが、追跡に関わった郷民が「筋目」と呼ばれる血筋となる。土倉家は、なかでも中心的役割を果たした一番筋の系譜だという。

なお取り戻した神璽は、現在の東吉野村小川にある皇子の母の在所に隠したが、翌一四五八年三月末に赤松側が再び乱入して奪い取られてしまった。

奉じていた皇子が二人とも亡くなり神器も奪われた川上郷では、この年以降は、皇子の鎧や兜、長刀、太刀など遺品を祀って朝拝式(新年拝賀式)を執り行うようになった。それは五〇〇年以上の歳月を超えて、今も続く。ただし、近年まで朝拝式に参列できるのは、筋目だけであった。

私は幾度か参列した(正確には周辺より覗かせていただいた)が、一言で言えば奇祭。あるいは歴史浪漫と言った方がよいか。

開かれるのは二月五日で金剛寺の中の自天王神社で行われる。早朝から屋内の式典に続き、祭境内の鎧や兜、太刀などを納めてある宝物殿から祭礼は始まる。ただし、その周りは白地に大きな菊の紋章が描かれた垂れ幕で目隠しされるのである。そして中に入るのは筋目だけ。今は開放されているが、以前は垂れ幕の隙間から中を覗く程度だった。参列者は、口にサカキの葉をくわえる。これは言葉を発せず秘密を口外しないと誓う意味がある。その後、急斜面に設けられた自天王の小殿に奉る。

　川上村には、各所に後南朝の遺跡がある。たとえば最深部の三之公《さんのこ》（隠れ住んだ三人の皇胤を示す地名）という地区には、かくし平という場所がある、そこに御所が設けられたという。「行宮址」の石碑と「尊義親王御墓」も立つ。今は通う人もいない（この森の立ち入りは許可制）原始の森のようなところに漂う歴史の息吹である。

近年まで秘密の儀式だった朝拝式（筆者撮影）

　長い前置きになったが、川上村は後南朝を守ってきた歴史を誇りとし、金剛寺に尊秀王の墓と鎧兜などを祀ってきた。川上村は「自天王と杉檜とを骨組とせる一村なり」と言わしめるほど、村民にとって南朝・後南朝の忠臣であったことがアイデンティティなのだ。一八八二（明治一五）年には宮内省に認定され、小松宮彰仁親王が寺内に「自天王碑」を建てている。

ところが、冒頭のように突然それを宮内省が覆した。小松宮の建てた碑は打ち倒されたという。長年の勤皇の印を破壊され、墓所を否定されたことによる怒りは大きかった。

その背景は、上北山村の瀧川寺の住職だった林水月が出版した尊秀王の墓所は瀧川寺とする「南朝遺蹟　吉野名勝誌」（一九一二年発行）にある。それを受けて宮内省は尊秀王の墓所を瀧川寺に変更したらしい。宮内省側の論理としては、自天王の御墓の場所を金剛寺とは治定しておらず、今回初めて瀧川寺に定めたのだということになる。ただ林の記した内容は、今では信頼性が低いとされている。

川上村は、宮内省に指定変更を求める運動を始めた。そのための委員に、庄三郎と福本寅松を選出した。この頃の庄三郎は、健康を害していたようだ。そのため陳情同行も一度は断ったが、村側からの再三の要請で受けたという。

一九一二（明治四五）年四月二四日、川上村を訪れた宮内省の東園侍従の山口諸陵頭らに対して、庄三郎は尊秀王から朝拝式、および筋目のことまで一時間余に渡って詳述し、宮内省の陵墓指定の訂正を請願した。さらに宿泊した柏木の旅館にも村総代が赴いて、告示の取り消しを求める。しかし、受け入れられなかった。

五月に委員二人は東京に出て陳情を繰り返すが、はかばかしい変化はなかった。明治天皇の崩御で運動は一時中断されたが、一一月に再び庄三郎らは宮内省の研究者らと上市で会見し請願を繰り返した。

一九一四年に奈良県知事が宮内大臣宛に上申書を提出し、さらに庄三郎と福本寅松のほか辰巳藤吉が東京の宮内省を訪問し、請願の理由書を提出した。山県有朋元総理大臣、宮内大臣の経験もある土方久元伯爵、そして大隈重信総理大臣にも面会している。明治の元勲らとつながる庄三郎の人脈はまだ生きていた。大隈首相は、椅子を引いて庄三郎を座らせ、話を聞くと請願内容を請け負ったという。ところが、その後何も動きはなかった。

そして宮内省の呼び出しを受け、願書却下の沙汰を下された。庄三郎は責任を感じて、天皇への直訴の覚悟を表明したが、同行者に諫められている。

この間の記録に目を通すと、宮内省側は一度公にしたことを撤回するのを潔しとせず、言を左右にして逃げ回る様子が窺える。

そこに山県有朋が、川上村の面目を損せぬよう取り計らうから、大正天皇の即位の礼の御大典（一九一五年一一月一〇日）まで待つよう伝えてきた。そこで庄三郎らは帰途についた。

翌一九一五年七月、再び上京した委員に対して、長年尊秀王の祭祀（朝拝式）を執り行ってきたことに、金五〇〇〇円を下賜する命が伝えられた。これに川上村の歴史を認める意味を込めたのだろう。川上村も、これをもって陳情を終えることにした。そして「特別御下賜金蓄積条例」を設けて、村の基本財産にすることを定めている。

現在の川上村は、後南朝の舞台であることを広く伝えている。南朝遺臣を任じた庄三郎が村に残した最後の遺産かもしれない。

7 死して名を残さず

晩年の庄三郎は、川上村を訪れる山林視察者の案内を行うのを日課としていた。模範的なスギ林を案内するほか、実際に植栽の指導をした。夜遅くまで造林から伐採までの講義も行った。また読書と囲碁を趣味として、孫たちの相手を楽しみにしていた。

一九一一（明治四四）年には、恩賜財団済生会に一〇〇〇円の寄付を匿名で行っている。済生会は、伏見宮貞愛親王を総裁として創設された慈善団体で、現在も多数の病院や福祉施設を運営することで知られる。

一九一三（大正二）年には、前年に設立された大阪電気軌道（大軌・現在の近鉄奈良線）の株を買い集めて暴落を防ぐ手だてをしている。大軌は、奈良と大阪を直線的に結ぶため生駒山にトンネルを掘っていたが落盤事故を起こし、一五二人が生き埋めとなり二〇人の死者を出した。そのため経営危機に陥ったのだ。倒産すれば路線の開通が見込めないうえ、被災者の救済もできなくなる。それを防ぐための買い支えだろう。

このような行動を見ると、土倉家は名家としての面目は保てる程度の財産はまだあったことがわかる。

さらに檀家総代として龍泉寺の本堂や庫裏、書院などの改築工事を手がけたのに続いて、一九一六年に浄土宗の五重相伝《ごじゅうそうでん》を受戒した。浄土宗の念仏の教えの真髄や奥義を五つの順序にしたがって伝える法会である。庄三郎が先達になり、村人の年配者を中心に四三人と戒行をともにした。導師は吉川大順僧正だった。

五重相伝には念仏を百万遍唱えるとあるが、庄三郎は亡くなる前日には「五重相伝」の日から唱え始めた念仏が、六七万三〇〇〇回になるとつぶやいた。日々唱え続けたのだろう。

庄三郎の子女はクリスチャンになった者が多いが、本人は先祖代々の浄土宗を貫いた。宗教に宗派の別はない、というのが庄三郎の考えであった。

やがて徐々に山林視察の案内も、家の者にゆだね、村を出ることもなくなった。胃腸を害し酒も飲まなくなった。食事は牛乳や鶏卵を好むほか、白がゆに野菜と新鮮な魚肉を少々、かき餅が好物だったという。

この頃の庄三郎に会った人物がいる。先にも紹介したが、昭和四五年に九四歳だった岩井倉次郎である。聞き取りによると、彼が若い頃に樽丸を作っている現場で出会って話を聞いたという。そこで「銭というもんは人間の運である」と語り、「銭は儲かりかけたら何でもない。

わしは一代で儲けさしてもろたが、あんじょう無いようになってしもた」と言ったという。これこそ晩年の庄三郎の本音かもしれない。

一九一七年七月二日、軽い腹痛を訴え寝込んだ。それでも娘婿の川本恂蔵医師の診察と家人の手厚い看護により、一時は「他人の烏鷺《うろ》戦（囲碁の別称）を見学」するだけでなく、自ら囲碁をたしなむまで回復したという。

しかし病状は徐々に悪化し、七月一三日にもう一人の娘婿で同じく医師の佐伯理一郎が呼ばれた。また京都医科大学の島薗博士も来診した。その頃には一切の面会を謝絶して安静にするよう努めた。病名は、髄性肝臓ガンであった。

村人も庄三郎の容態に一喜一憂した。家業を休んで神仏の加護を祈る者もいた。土倉屋敷の裏手に隠居坂と呼ばれる小道があるが、下駄を履いて歩くと音が響き、庄三郎が安静にできないからと筵《むしろ》を敷きつめ、静かに歩いたという逸話が残る。

一六日には「今度はどうしても快くはなるまい。皆に世話になった。ありがとう」と家族だけでなく、家で働く者にまで礼を言った。

龍泉寺の住職が駆けつけると、「浄土にお参りの時が迫っている。念仏を頼む」と小さいがはっきりした声で言った。

一九日の午後に松浦博士が来診して、注射によって意識をつないだが、手の打ちようがなかった。同日午後四時四〇分に孫や近親者に見守られつつ息を引き取った。

庄三郎の死を伝える大阪朝日新聞は数々の業績を紹介するが、一八九一（明治二四）年に藍綬褒章、一九〇二（明治三五）年に勲六等に叙せられたと記されている。実は勲五等に叙せられたのだが、拝受しなかったそうだ。河野前奈良県知事がわざわざ訪ねてきて口説いたのにどうしても承知しなかった。勲章は、県庁に保管されたという。

七月二二日、龍泉寺にて葬式が行われた。

村民の大半が列席した。路傍には児童が頭を垂れて嗚咽し、老人の中には土下座する者もいた。また野辺の葬列は二丁（約四〇〇メートル）続き、木田川奈良県知事を含む五七三人が五社峠を越えて参列したという。

式は、知恩院執事長の山下覚随僧正が執り行った。導師として弔文と香木を携え、脇導師が七人、楽人七人、役僧五人、諷吟僧二五人、計四五人の僧の読経が響いたと伝えられる。式の写真が数枚残されているが、寺内に天幕が張られて大勢列席している様子がわかる。本堂に入りきらなかったのだろう。

訃報が伝わると、遠方よりも来弔が絶えなかった。記録によると、東京府から五五名、京都府から二八名、大阪府二七名、兵庫県は一六名、奈良県が三九名、和歌山県二二名、朝鮮および満州から一四名などとなっている。電報と書簡による弔意も多かった。書簡は弔電の数倍に達した。藤澤南岳や原田助同志社社長、日本女子大学校学長の成瀬仁蔵……。庄三郎が長年か

庄三郎の葬列は400m続いたという

けて築いた交流が滲み出る。さらに追悼の詩歌を贈る者も多数いた。

土倉家が逼塞した後は距離を置く著名人もいたが、葬儀に寄せられた数々の弔報は、やはり巨星墜《お》つの感を拭えない。その足跡の大きさを感じさせる。

ただ庄三郎は、それを望んでいたかどうかはわからない。彼がよく唱えていたのは「陰徳を積む」である。徳は人知れず行うもの、名を残さずひっそりと消えていくべきと考えていたのである。それゆえか庄三郎の事績はなかなか記録に現れない。

私も、庄三郎の墓を参って驚いたのは、その小ささである。墓地は龍泉寺に隣接してあり、土倉家の係累の墓ばかり集めた一画は比較的広い。ところが、庄三郎の墓石はほかの墓石と変わらない、いや、より小さいほどである。それは庄三郎の望みだったという。

五郎は、葬儀の際に詠んだ。

雲の峰父は佛となり給たふ

終章

庄三郎なき吉野

1

鎧掛岩に巨大磨崖碑

庄三郎没後四年目の一九二一（大正一〇）年三月一八日、大滝は喧騒に包まれた。土倉屋敷の目前で、屈曲した吉野川の対岸にそそり立つ鎧掛岩に足場を組む工事が始まったのだ。足場の高さは約三六メートル、幅が約一二メートル。この建設だけで一五〇人が参加し、二五日を要したという。

鎧掛岩は、一部が大きくえぐれてオーバーハングしている。しかも基部は吉野川の急流洗う河岸。足場を組むだけで難工事だったろう。

ようやく足場が完成すると、そこに石工の和田誠一郎が登り、岩を穿ち始めた。刻字するのだ。壁面の凹凸に合わせて直接彫り込む。生半可な大きさではない。一文字の縦横が約一・八メートル、深さ約三六センチにもなる。

刻まれた文字は「土倉翁造林頌徳記念」。その横に少し小さな文字で「大正十年」とある。碑全体の高さは、約二六メートルに達した。今も川上村を訪れた人々が、まず目にする磨崖碑である。

川上村大滝に着くと目に飛び込む巨大磨崖碑（筆者撮影）

この大磨崖碑の建設を計画したのは、本多静六だった。

日本の林学の父とも称せられる本多は、若い頃庄三郎に学んだことを先に記したが、没後も吉野に通った。一九二〇年の春に学生を連れて吉野を訪れた本多は、山林が大きく変じていることに気づく。巨木の森は皆伐され、植えられたばかりの苗木に変わっていた。本多が（研究のため）間伐した山林を「長く先生の記念林となす」と庄三郎は約束していたが、そこも伐られて再植された幼齢林になっていた。おそらく所有者が変わったからだろう。

庄三郎の名が忘れられつつあると感じた本多は、「造林上に於ける翁の功徳を長へに伝え一は以て予が翁に対する感謝の意を表せんと決意せり」。そして大滝の鎧掛岩の絶壁に事蹟を刻むことを思いつく。土倉庄三郎の豪放磊落な性情に鑑みて、我が国未曽有の磨崖碑にしようと考えたという。

最初は「資金を募るが如きは却て独立独歩敢て他に頼らざる翁の気概に反するものあれば」と思い三〇〇円を準備したものの、工事費を見積もると一八〇〇余円を要するとわかり「現今翁の遺志を継いで専ら吉野林業の紹介に努めらるる北村宗四郎君に謀り」人々に寄付を求めることにした。

同じく大山主の坂本仙次は、北村宗四郎とともに一五〇円、北村又左衛門が四〇〇円、さらに川上村も足場建築費として八五〇円を拠出した。本多の三〇〇円を加えて総計一八五〇円である。また建設労務の監督も北村・坂本両氏に執行してもらった。なお巨大な文字は、文字研究者である後藤朝太郎博士が揮毫したものである。

文字の彫刻に、のべ一八〇人と五〇日を要した。完成は、七四日目の五月三〇日。

本多の残した資料には「今日日本の造林学は其応用を吉野に学びたり」とあり、大学の造林学講座でも、吉野の造林法とドイツの造林学を合わせて日本の造林学を構成したと語った。そして吉野の造林法は「土倉翁に就て学び得たるものなり」「故土倉庄三郎翁は吉野林業中興の祖にして実に我邦造林界の指導者たり」と記す。

本多静六の後半生について少し紹介したい。彼は子どもの頃から貧乏に悩まされたが、家族は九人もいて、東京大学助教授になっても生活は楽でなかった。

ここで本多の「貧乏征伐」が始まる。行ったのは「四分の一天引き貯金法」だ。収入の四分の一、臨時収入も全額貯金するというものだ。おかげで生活はさらに苦しくなり、月末はご飯に胡麻塩だけの食事だったという。庄三郎の暮らしとは真逆の世界だろう。

しかし二〜三年すると俸給も増え、貯金利子も潤沢になってきた。そこで貯金で、日本鉄道株を購入したら、数年後に購入金額の二倍半で政府に買い上げられる。

次に森林を購入した。目をつけたのは、埼玉県秩父の山だ。鉄道も道路もなく、購入時の金額は一ヘクタール四円前後。徐々に買い増して、とうとう約一万ヘクタールに達したという。やがて鉄道や道路が延伸して、開発可能地域が増えてきた。日露戦争後は木材価格も急騰し、山林は巨万の富に変わった。六〇歳で山林のほか数百万円の貯金と株式、家屋と別荘地が六カ

元土倉屋敷跡地に建つ土倉庄三郎の銅像（筆者撮影）

所、田畑も手に入れた。年収は二八万円に達し、東京淀橋税務署管内でナンバーワンになった。

土倉家の命運と正反対と言える軌跡をたどったのである。ところが、晩年に所有森林をすべて埼玉県や東京帝国大学などに寄付・売却した。そして奨学基金をつくる。今に残る本多静六博士奨学金だ。教育への投資という点で、庄三郎と似ている。そんな本多だからこそ磨崖碑建設を企てたのだろう。

なお、庄三郎の銅像も建てられた。最初につくられたのは、庄三郎が没した翌年だった。川上村と材木業組合の共催で等身大の銅像がつくられて、芳水館跡地に建つ川上第一小学校（大滝小学校の後身）の校庭に建てられた。

この像は一九四四（昭和一九）年の暮れに戦時中の金属供出令のため軍に供出させられる。終戦後、取り戻せないかと大阪の廃品回収業者を探したそうだが、見つからなかった。

庄三郎の五〇回忌に当たる一九六六（昭和四一）年、二代目の銅像が鋳造されることになった。富山県の高岡市の業者に写真を見せて粘土で原型をつくらせ、庄三郎の顔を覚えている辰巳が修正させた。頬を少し痩せさせ、鼻もちょっと高くしたそうである。

だが、その銅像も足元の腐蝕が進んだため、現在は胸像として鎧掛岩の磨崖碑前に置かれている。そこで一九八〇年頃に改めて立像をつくり直し、土倉屋敷を取り壊した跡地に建立された。だから現在の像は三代目である。

2　カーネーションと西太后

土倉家子息のその後にいくらか触れておく。

台湾を引き揚げた龍次郎は、帰国して三年後、東京に「菜花園」と名づけたアメリカ式の巨大な温室を建てた。ガラス温室が、日本に入ってきたばかりの時期だ。どうやら林業から農業へ切り換えた事業展開を考えたようだ。「菜花園」では野菜栽培なども試みたが、目をつけたのがカーネーション栽培だった。

日本の花卉産業は揺籃期だった。そこで温室による大規模な洋花栽培に挑んだのだ。失敗続きの末に栽培に成功し、新たな品種を二五種も生み出した。ドグラス・スカーレットやドグラス・ファンシーと名づけた種もある。

一九二〇（大正九）年に下目黒の目黒農林試験場に隣接する三三〇〇坪の広大な土地を手に入れて移転した。そこに温室を一一棟建てて、花苗栽培を手がけた。龍次郎は日本初の花苗生産者となり、「日本のカーネーションの父」「カーネーションの神様」と呼ばれるまでになった。彼の元から、後に花卉業界で活躍した人々を輩出する。台湾での挫折を払拭したかのようだ。

だが一九二五（大正一四）年頃、再び土倉家に債務問題が持ち上がった。この債務は、どんな事情で、どのくらいの額だったのかまったく伝わっていない。庄三郎存命中は家政も落ち着いていたはずだが、没後鶴松の隠れ借金が表に出たのかもしれない。あるいは一族の誰かが何らかの金銭問題を生じさせた可能性もある。

土倉一族による会議が開かれ、長女の富子から「土倉家からお縄に繋がれた人を出すわけにいかない」という言葉が出た。返さないと犯罪になるような事態だったのだろうか。しかし嫁いだ身の富子が動かせる金額ではなかったのだろう。結局、龍次郎が下目黒の土地を手放して債務を解消した。温室は神奈川県高津町（現・川崎市高津区）溝口の借地に移築し、路面電車で通勤したという。ただ温室の世話は園丁に任せ、自らは育種に専念した。

龍次郎は、本家のため二度（発電事業を含めれば三度）も挫折したのだ。

それでも龍次郎の地歩は揺るがない。一九三二（昭和七）年に大日本カーネーション協会を設立し、会長に就任し海外との交流も進めた。一九三六年には、副会長の犬塚卓一と『カーネーションの研究』を著し出版している。これはカーネーション栽培のバイブルとなり、今も貴重な教科書であり続ける。

なお、龍次郎にはもう一つの顔がある。それは「カルピスの父」だ。

四郎と五郎が中国大陸に渡り、三島海雲と事業を企てたことは記した。しかし三島は、辛亥革命で無一文となり帰国した。そこで次は内モンゴルで味わった乳製品をヒントに再び事業を起こそうと思い、援助を求めて訪ねたのが龍次郎なのである。

龍次郎は、宝田石油の専務になっていた津下紋太郎を紹介してラクトー株式会社を設立させた。一九一七（大正六）年のことだ。津下が社長で、龍次郎も監査役となる。二年後、試行錯誤の中で脱脂乳からつくった乳酸菌飲料を龍次郎が太鼓判を押して商品化したのが、カルピスである。今に続く驚異的なロングセラー商品の誕生だ。

カルピスの会社の社長室には、長く創設者の三島海雲と龍次郎の肖像画が飾られていたという。ちなみに龍次郎の長男冨士雄は、三島後の二代目社長に就任している。

龍次郎四男の正雄は、中学卒業時に将来について質問された際、「林業はどうか」と応えたそうだ。しかし父は無言だった。本家の末路、そして自らが手がけた台湾の山林事業が水泡に帰した記憶が浮かんだのかもしれない。ただ父は、一切本家のことを話さなかったという。

一九三八（昭和一三）年一〇月一五日、龍次郎は世田谷の自宅で永眠した。六八歳だった。


政子は数奇な経験をしている。一九〇一（明治三四）年に夫の内田康哉が清国公使になったことで、政子も北京に移り住んだのだ。折しも前年に義和団事変があり、欧米列強と清、日本が入り交った外交戦を展開していた。そして政子も北京社交界に躍り出たのである。英語はもちろんドイツ語、フランス語、さらに中国語も話して各国の要人や清の大官、名士などと交際を繰り広げたのだった。

清国の西太后（前列中央）と親しくなった内田政子（西太后のむかって左隣）

カーネーションを栽培する大温室に立つ龍次郎（「カーネーションの研究」より）

なかでも西太后との親交は深かった。皇帝を操り清末期の政治を動かしたとされる西太后は、欧米人の非礼を常々口にしていたが、政子は唯一礼儀を知っている人として評価していた。西太后の寝室まで招き入れたという。中国の貴族の服をまとった政子と並んだ写真も残されている。

西太后の側近を務めた徳齢の著書『西太后に侍して——紫禁城の二年間』には、西太后が政子について語った言葉が載せられている。

「ほんとを言ふと私は内田夫人はとても好きですよ。あの方はいつも上品だし、ちっとも馬鹿げた質問をしませんからね」

「諸外国の外交官夫人というものは、口先ばかりで心の中は何を考えているかしれたものではないが、内田夫人だけは信じます」

日露戦争が勃発した際、最後の激突となった奉天会戦で、乃木大将率いる第三軍が大きく迂回してロシア軍背後に回り込む作戦をとる。だが、そのルートは清の定めた中立地域を通過していた。問題にならなかったのは、政子が西太后に働きかけ、清政府が黙認したからという。この秘史は、当時の外交官が戦後土倉家に伝えたものだ。

終戦直後のエピソードがある。政子は東京に出るため鎌倉から横須賀線に乗っていた。その車両に横須賀基地に駐屯しているアメリカ海軍の水兵が乗り込んできた。彼らは年若い日本女性にちょっかいを出し始めた。車内は満員に近かったが、敗戦国の国民は見て見ぬふりをするだけだった。

その時政子は、水兵に近づき「behave yourselves」と一喝した。「行儀よくしなさい」という意味だが、通常使うのは母親が子どもをたしなめる際である。政子は七五歳、白髪で杖をついていた。水兵は、きまり悪そうに女性から離れたという。

政子は、一九四六（昭和二一）年九月一二日に病没した。


庄三郎死去の翌一九一八（大正七）年、五郎は土倉屋敷を処分しようとした。借金があった模様だ。当時の土倉家には大滝周辺の山林が残されていて、そこそこの財産はあったはずだが、それも食いつぶしたらしい。すでに山林は処分してしまい、それでも足りなかったのかもしれない。そのため家族会議が開かれて、鶴松や龍次郎、五郎も出席した。そして富子が屋敷を買い取ることで落着する。

その屋敷に、五郎は植田家からもどってきて住み着いた。ここでは神社建立を企画して寄付を集めていたとか、屋敷に残されていた骨董を交換会と称して誰彼かまわず売りつけたといった逸話が伝わる。

龍次郎の四男・正雄は、この屋敷で五郎と出会っている。太平洋戦争時に海軍の技術士官だった正雄は、終戦時の処理委員に選ばれた。そこで部下二〇人の職場づくりを考え、軍の物資であるモーターなどを利用して製材機をつくり、岐阜県で製材事業を行った。やがて部下の身の振り方が落ち着くと、父の故郷の大滝に向かった。そこに五郎がいたのである。

正雄と五郎は、そこで約一〇カ月間一緒に暮らした。五郎は、軍の放出物資であるコウリャンを手に入れ、大滝に外地引揚げ者の入植地をつくろうとしていた。現在、太刀屋と呼ぶ山の中腹の台地の開墾を手がけたのである。

その後正雄は病気になり、京都の佐伯病院に二年半入院する。ようやく完治した後に、製材事業の際に関わった機械メーカーに就職した。それが現在の木村化工機株式会社だが、ここで頭角を現し、後に社長、会長を歴任した。

五郎の没年ははっきりしない。一九五三（昭和二八）年に、川田順が東京で長い杖を携え、白いあごひげを垂らした五郎と会ったという。ただ娘の順子は、土倉屋敷に長く住んだ。彼女が川上村に残った最後の土倉家の血筋である。だが一九六五（昭和四〇）年に亡くなる。

鶴松が再婚したナラヱは、京都に当時珍しかった入院施設のある産院を経営して、書生を置くほどやり手だった。そして鶴松が各地でつくる借金を全部尻拭いしていたという。もっとも鶴松は腰を落ち着けずに、先妻の娘たちの嫁ぎ先や、富子や龍次郎のところを度々訪ね歩いた。龍次郎は驚くほど丁寧にもてなし、妻のりゑが嘆くほどだったという。鶴松本人も悪びれた様子はなかったというが、果たして兄弟二人の胸中はいかばかりだろうか。鶴松が亡くなったのは一九四二（昭和一七）年、享年七五歳だった。

鶴松はナラヱとの間に五人の子どもをもうけた。長女の麻は、一九三二（昭和七）年のロスアンゼルス・オリンピックに女子一〇〇メートル走と四〇〇メートルリレーで出場する。そしてベルリン・オリンピックの三段跳び金メダリスト田島直人と結婚した。

長男九三は、京都高等蚕糸学校（現・京都工芸繊維大学）に入学後、一〇代で今西錦司の大興安嶺探検隊に参加し、その後も内モンゴルを探検した。戦後は今西とともに京都大学大サハラ学術探検隊の結成に関わる。彼の家には世界各地の探検に飛び立つ若者が出入りしたため、「京都探検界の黒幕」と呼ばれた。息子の大明は、地質調査の仕事を手がけながらロッククライミング界で活躍し、後に大滝の土倉翁磨崖碑清掃も手がけている。

そして、庄三郎の弟平三郎の息子が愛造、孫が梅造、その梅造の嫁として土倉家に入ったのが祥子（本名は祥）である。彼女は奈良の大和タイムス（現・奈良新聞）に「土倉庄三郎」の伝記を連載した。正雄と妻の宣子は、その取材に訪れた祥子に会っているが、挨拶も世間話もせずいきなり用件を切り出すタイプだったという。この連載が後に『評伝土倉庄三郎』として出版される。

祥子は奈良県五條市の島本家の出身。梅造と結婚後は東京に住んだが、女傑として知られた。大戦末期に結成された帝都防衛義勇軍の女子義勇隊一万一〇〇〇人の隊長に内定していたという。終戦後は、戦災孤児らの養護施設に食料を提供するべく努力した。また戦争未亡人のための託児所増設のため、マッカーサーに直接手紙を書いて進駐軍兵舎の払い下げを受け、全国に一八四棟の託児所を建てた。晩年は日本建設株式会社や日本木造船舶輸出株式会社の社長に就いていた。

そのほか土倉家の縁者の多くが各界に散っている。

3 吉野ダラーと伊勢湾台風

庄三郎がいなくなってからの川上村と吉野林業は、どのような軌跡をたどったか。

大正時代は、木材価格が急騰している。また昭和に入り戦争が続くと木材は軍需物資として大量に求められ乱伐が進んだ。庄三郎が全国で植林の必要を訴えて緑を蘇らせた山も、多くが再び禿山になってしまった。

ただ吉野は、軍部の圧力に抗して比較的乱伐を抑えた。おそらく山主と山守が分かれていたことと、何より過剰な伐採が山を破壊することを現場の人々が理解していたからだろう。おかげで、山は緑に覆われ続けた。そのため戦争直後に、木が残っている民有林は吉野のみと言われて存在感を一層強めた。

戦後は、戦災復興や高度経済成長下で爆発的な木材需要が生まれたため、木材価格はうなぎのぼりだった。山村に失業者や植民地からの引き揚げ者が入り、林業に従事した。伐採跡地に

昭和30年ごろの土倉邸。序文で触れた威容の片鱗が残る（写真提供：辻井英夫氏）

は国家的な大造林事業が展開された。林業の活況は続き、吉野では木材を出すのにヘリコプターを使うようになった。コストは高いが市場の動きに素早く反応できる。

やがて木材輸入が解禁となり、外材に取って代わられた林業地は衰退する。しかし持ち家ブームの中で、数寄屋造りが豊かさの象徴として持て囃され、床の間などに向いた役物《やくもの》と呼ばれる意匠用木材が人気を呼んだ。その期待に応える美しい吉野材は、価格が高騰する。他の林業地の数倍数十倍もしたのである。川上村は豊かな山村の代表であり続けた。

吉野の山主や山守が蓄えた金は、大阪の北浜証券市場に流れ込んだ。いくつかの銘柄が暴騰すると、「吉野ダラー」が動いたと噂されるようになる。林業家がため込んだ資金で、仕手戦を仕掛けるのだ。小西六写真工業、国光製鋼、中外炉工業といった会社の株が乱高下したことが知られる。やがて「吉野ダラー」に便乗する個人株主も現れ、売り抜けようと市場を混乱させた。同じ山が生み出した財とはいえ、使い道は庄三郎と大違いだ。

そんな好景気の中、超大型台風が紀伊半島を来襲した。一九五九（昭和三四）年九月二六日から雨は降り続き、二六日午後六時に潮岬近くに上陸して紀伊半島を縦断し、各地に大水害をもたらした。伊勢湾台風である。

川上村各所でも大規模な山崩れを引き起こし、多くの死者を出した。土倉屋敷前は、川筋が大きく湾曲しているため水位が上昇しやすい。そのうえ少し上流の寺尾で山崩れが発生して土砂が川を埋めてしまい、増水と氾濫をさらに強めた。そして、多くの流木が大滝の集落を直撃したのである。

土倉屋敷の一階部分は、流木に押しつぶされた。水は床上三メートル近くに上がったらしい。被災後に現地を訪れた人の証言によると、畳の上に大きなスギの根株や、一抱え以上の岩が流れ込んでいたという。土倉家の栄華を象徴した屋敷は崩壊したのである。

台風後、屋敷は修理不可能とされ解体撤去されることになった。その過程で土倉家文書が発見される。跡地は龍次郎の長男冨士雄、そして四男正雄が管理していたが、後に村に寄付された。道路拡張や郵便局などに土地が削られたためか、現在残っている土地は、意外と狭く感じる。

伊勢湾台風をきっかけに建設された大滝ダム（筆者撮影）

バブル景気が弾けた九〇年代。吉野林業も曲がり角を迎える。不景気になって高級住宅の需要が細る一方で、洋室の増加や建築構法の変化が進んだ。和室がなければ床の間の役物需要もなくなる。柱を見せる真壁構法から隠す大壁構法に移ると、吉野材のような美しい高級木材を使う必要もない。吉野材は一気に売れなくなった。我が世の春に慣れた林業関係者は、次なる戦略を巡らせず、為す術もない。

さらに伊勢湾台風の後、治水用の大滝ダムが計画された。大滝集落のすぐ上流に巨大なダムを建設するものだ。一九七四（昭和四九）年に利水用の大迫ダムが上流部に完成していたが、大滝ダムがつくられれば川上村内の吉野川はほとんどダム湖になってしまう。村民は長く反対運動を続けたが、ついに一九九六（平成八）年に着工。二〇〇〇年に竣工した。しかし、試験湛水《たんすい》中にダムサイトの上部にある白屋集落に地割れが生じる。もろい地質がダムの水圧で崩れたのだ。そのため白屋集落は丸ごと移転を余儀なくされた。

こうした迷走で、いよいよ村は人口を減じた。二〇二〇年で一二〇〇人余りである。川上村は、静かな普通の山村になった。かつて明治の元勲が通い、全国の山村モデルだった時代があると感じさせるものは何もない。

土倉家、そして土倉庄三郎の存在を示すものも、磨崖碑と銅像だけとなった。私が初めて訪れたときは、銅像に詳しい説明板もなく、何者かよくわからなかった。村人に聞いても、詳しく語れる人は少なかった。

4 「守不移」の人

長い間、私は土倉庄三郎の足跡を追いかけ続けたが、もっとも悩まされたのは、彼の内面を推察することである。庄三郎が行った活動は、大半をかろうじて拾い上げることができたかと思うが、折々に何を考えていたのかわからない。そもそも文献が少ないのだが、本人の記した文書も極めて稀で、文章から読みとることも難しかった。それでも、私が彼の足跡を追う過程から感じ取った内面について触れておきたい。

まずは、豪放磊落で反骨精神も旺盛な人物であるのは間違いない。尊皇や国への思い入れも人一倍強い。しかし私は、同時に彼なりの分のわきまえ方や、ちょっとした劣等感などを嗅ぎとってしまう。意外に思われるかもしれないが、明治時代の政財界や言論人など著名人につきものの、大言壮語、あるいは壮大な事業欲、権力欲などが見えないのだ。

むしろ自らは人の上に立つべきではない、たまたま自分には財産があるから支える側に回ろうと考えたように思えた。一方で山と森に関しては誰よりも詳しいという自負があり、その分野では譲らなかった。だから林業以外に事業を広げようとせず、議員や国家官僚に請われてもならなかった。経験や見識は十分あるように思えるが、本人は、そうした仕事は自分に合わない、もしくは魅力を感じなかったのではないか。

一方で視点が高く、常に世の中を俯瞰している様子が感じとれた。それは家業にも社会の在り方にも及んでいる。目先の損得や個々人の都合より、常に空間軸と時間軸を広く長くとり、社会全体に目を配っていた。そして制度や法律、マニュアル的な決め事に重きを置かず、人が大事という気持ちが強いように思う。だから政治に手を染めるより、教育で深い知識と高い教養を積んだ人物をつくることを自らの使命としていたのではないか。

また人生には浮沈があると達観する面も感じる。土倉家そのものを時代を超えて俯瞰していたかのようだ。だから長男の暴走も、あえて止めなかったのかと思ってしまう。

そんな感性を育んだのは、林業かもしれない。森づくりは時間がかかる。吉野では植えてから八〇年から一〇〇年以上育てる。三〇〇年生のスギさえある。また画一的な作業は禁物だ。常に地域ごとの地形、土質、日当たり、雨量など環境に目を配りつつ、一本一本の木を見て育て方を決める。植える苗は何本で、間伐するのはいつか、何本伐るか、人が判断するのだ。それでも、思うようにいくとは限らない。気象、病虫害、山火事……人知の及ばぬ災害もある。それに同じ木でも使い道によって大きく価値は左右される。たとえば曲がった木を薪にして燃やすのか、銘木としてインテリアに供するのか。価格は一〇〇倍以上差がつくだろう。使い道を決めるのは人だ。

社会も森と同じように考えたのではないか。自分が手がけたことの結果はずっと先に出る。自分など一時代の小さな存在である。そんな心境を想像する。少なくとも自らの名誉とか業績を未来に残したいとは思っていなかっただろう。

同時に自分の財産は社会に還元すべきものという意識もにじみ出る。それは一種の「ノブレス・オブリージュ」だろう。フランス語で「貴族の責任」といった意味だが、身分の高い者の行動には社会的責任と義務が伴うという、欧米社会の基本的な道徳観である。具体的には信義を重んじるほか、社会的な負担に応じることを指す。そこには貧民救済などの活動や文化への寄与、道路や建物など公共事業なども含まれる。庄三郎は、先祖から受け継いだ財産も自らだけのものではないという意識があったのだろう。今風に言えば社会貢献、ＣＳＲである。

今でも林業家と話していると、自身が所有する山に対して、そうした意識を自然と匂わせる人がいる。たとえば山に勝手に入って荒らすハイカーがいると嘆く山主と話したところ、柵を築いて侵入を排除するのは憚《はばか》られると言う。そして見学したい人には可能な限り対応するという。なぜかと聞けば、「山は先祖から受け継いだものであって、自分だけのものではないから」とあっさり答えるのである。

一方で父祖から引き継いだ伝統的な価値観も捨てきれない。庄三郎は林業を家業と規定し、明治時代に新たに持ち込まれた資本主義的な会社経営を選ばなかった。当時の財産を活かせば、財閥的な企業グループを形成することも可能だったように思えるが、そうした道はとらなかった。銀行や鉄道などの起業的事業体の立ち上げには名を連ねるのに、経営陣には入らない姿勢を保った。そんな姿からは、絶対王権を握る君主の中からときに現れる開明的な啓蒙君主を想像してしまう。

二〇〇七（平成一九）年、川上村大滝に芳水塾が結成された。翌年NPO法人となったが、地元でも忘れられがちな土倉庄三郎の事績を発掘するとともに、世間に広めて顕彰するのが目的だ。その活動によって、少しずつ土倉庄三郎の名は世間に知られつつある。

苔むしていた磨崖碑は、庄三郎の曽孫に当たる土倉大明によって清掃されて文字をくっきり浮かび上がらせた。その対面に展望休憩所が整備され、屋敷跡の銅像にも庄三郎の生涯を記した説明板が設置された。村を訪れた人の記憶に刻んでもらうためだ。

二〇一六年には百回忌法要とシンポジウムが龍泉寺と村内の山吹ホールで開かれたが、全国各地から縁の人、関心を持つ人が集い、ホールに入りきらない人であふれた。その様子を見て、庄三郎は忘れられた存在ではなかったと、私自身も驚嘆した。

ところで解体された土倉屋敷に残されていた扁額がある。記されていたのは「守不移」。幕末の土佐藩士で漢詩人の森田梅礀《ばいかん》が揮毫したものと伝わる。芳水塾が保管していたが、二〇二二（令和四）年に村に寄贈され、新設する小中一貫の義務教育学校「川上村立かわかみ源流学園」に掲げることになった。

この言葉は何を意味するのだろうか。たった三文字なので確実な原典を示せないが、中国の宋の政治家にして文豪、書家、画家として名高い蘇軾《そしょく》の文に「宜守不移之志　以成可大之功」という一節がある。〝不移〟とは心変りしないことを示し、「大きな成果を達成するためには、揺るぎない信念を持ち続けるべき」といった意味だ。中国語圏では格言として知られるが、その一部を揮毫したものではないかと想像する。

ただ文字通り「移らずに守る」と読んでも、庄三郎の人生と重なるように思えた。庄三郎は全国を歩いて日本の森と国を動かしたが、生涯川上村から居を動かさなかった。地に足をつけたまま明治という時代を揺さぶったのである。

現在の日本は、林業も山村も危機に瀕している。立ち直るには何をすべきなのか、そこに必要な揺るぎない信念とは何か。庄三郎の事績や思想を読み解き、その大河のような人生をよみがえらせることで、その片鱗を現代に伝えたいと切に思う。

あとがき

本書の成り立ちを簡単に記しておく。私が土倉庄三郎を知ったのは、一九八〇年代末、川上村を初めて訪れて鎧崖岩の磨崖碑を目にしたときである。とはいえ、ただちに興味を持ったわけではない。本格的に調べようと決心したのは、二〇〇〇年代に入ってからだ。だが資料は少なく、彼の実像を知るという点からは隔靴掻痒だった。

基本文献としたのは、庄三郎の満中陰《まんちゅういん》（一九一七［大正六］年）に配布された『土倉庄三郎――病臥、弔慰、略歴』（佐藤藤太著）と、土倉祥子が一九六六（昭和四一）年に出版した『評伝土倉庄三郎』である。ただ前者は簡素であり、後者は身内ゆえの貴重な証言や資料は登場するものの、断片的で想像が混じる。記事の多くは、真偽を確認する必要があった。

そこで同時代の雑誌や新聞、吉野の歴史や林業の文献から庄三郎に関わる点を拾い出すことに注力した。手書きや謄写版刷の資料、難読の古文書も多かった。

少ない資料からなんとか庄三郎の足跡を拾い出し、『森と近代日本を動かした男　山林王・土倉庄三郎の生涯』（洋泉社刊）を刊行したのが二〇一二年だった。

ところが、この本を出版したことで次々と新資料が寄せられたのである。驚いたのは、複数の庄三郎の子孫縁戚の方から連絡があったことだ。これまで私が探しても見つからなかった人々と連絡がとれたことは大きい。そして資料も提供された。

また庄三郎について雑誌やネットに記すと少なからぬ反響があった。彼らによって、私の知らなかった当時の事情や資料の存在を教えていただいた。

とくに川上村の「森と水の源流館」の成瀬匡章研究員は、各種報告書や明治時代の雑誌など思いもよらない資料を発掘してくれた。彼の発見した資料によって土倉家および庄三郎の新たな事績が多く見つかっている。また大和高田市の医師で郷土史家でもある吉條久友氏からも、資料を提供していただいた。吉條家もかつて吉野の山主であり、土倉家とはつながっているのだが、土倉家と近い時期に逼塞《ひっそく》したという。意外や山主の世界には栄枯盛衰が多く、古くから山を引き継ぐ例は少ないのだった。それでも現在の吉野の林業家の元には、土倉家の文書がまだ残されているようだ。

そして芳水塾の方々にもお世話になった。本書に記した庄三郎ゆかりの地は、彼らとともに訪問した所も多い。とくに事務局長の松本博行氏には何かと助けていただいた。

前著の刊行後一〇年を超え、今新たに得た情報を取り込んで庄三郎の実像を描き直そうと思い立った。すると単なる増補には収まらなくなり、とうとう全面的に書き改めることとなった。その点から本書は、新たな書き下ろしに相当する。

なお、文中に登場した人々の名の表記には幾種類かあり、どの名や漢字を使うか迷う人も多かったのだが、戸籍名にこだわらずもっとも多用されたものを選んだ。また年齢はすべて実年齢（満年齢）に統一した。そして歴史上も存命中の人も含めて、すべて敬称を略させていただいた。ここに失礼をお詫びし、改めて御礼申し上げる。

二〇二三年二月二五日

田中淳夫

年表

年	和暦	年齢	土倉庄三郎	日本史
1385	至徳元		『大和武士交名録』に「土蔵殿」の記述	
1457	長禄元			長禄の変
1631	寛永8		平右衛門死去（道樹信士）土蔵家中興の人	
	慶安年間		平兵衛（桐安休葉信士）　3代	
1799	寛政11		初代庄右衛門死去（太刀家よりの養子）	
			父　三代庄右衛門、「林業に非凡の才」の記述	
1840	天保11	0歳	4月10日川上村大滝に誕生・幼名丈之助	
1841	天保12	1歳		天保の改革
1842	天保13	2歳		
1843	天保14	3歳		新島襄誕生
1844	天保15／弘化元	4歳		
1845	弘化2	5歳		
1846	弘化3	6歳	上村勇造に入門手習いを受ける	
1847	弘化4	7歳		
1848	弘化5／嘉永元	8歳		

1849	嘉永2	9歳		
1850	嘉永3	10歳		
1851	嘉永4	11歳		
1852	嘉永5	12歳		
1853	嘉永6	13歳	是助師に諸礼・謡曲・生け花習得	ペリー来航
1854	嘉永7／安政元	14歳		日米和親条約　安政の大地震
1855	安政2	15歳	父に代わり家業に就く　大滝郷総代	
1856	安政3	16歳	宇兵衛事件　庄三郎に改名	
1857	安政4	17歳		
1858	安政5	18歳		日米修好通商条約 安政の大獄（〜59年）
1859	安政6	19歳		
1860	安政7／万延元	20歳		桜田門外の変
1861	万延2／文久元	21歳		
1862	文久2	22歳		
1863	文久3	23歳		下関戦争　薩英戦争 天誅組の変
1864	文久4／元治元	24歳		池田屋事件　禁門の変 第1次長州征伐
1865	元治2／慶応元	25歳	母（京）、死去	第2次長州征伐（〜66年）

西暦	和暦	年齢	土倉庄三郎	日本史
1866	慶応2	26歳	和田寿子と結婚	薩長連合
1867	慶応3	27歳	鶴松誕生	大政奉還
1868	慶應4／明治元	28歳	紀州の口銀廃止運動	明治維新　神仏分離令
1869	明治2	29歳	吉野郷材木方大総代　県産物材木取締役　水路開削 富子誕生	版籍奉還
1870	明治3	30歳	明治政府より水陸海路御用掛拝命 父、死去 龍次郎誕生	
1871	明治4	31歳	政子誕生 和歌山（紀州）の口銀廃止	廃藩置県　奈良県設置
1872	明治5	32歳		学制発布
1873	明治6	33歳	東熊野街道開設計画　川上郷水陸海路会所設立	地租改正
1874	明治7	34歳	糸・小糸の双子誕生 開明舎大滝分校設置	自由民権運動始まる
1875	明治8	35歳		同志社英学校開校
1876	明治9	36歳	大滝小学校設立、制服寄贈 亀三郎誕生	奈良、堺県に合併される
1877	明治10	37歳	四郎誕生 自由民権論者と交流？	西南戦争
1878	明治11	38歳	板垣の愛国社再興、経理担当として入党	梅花女学校開設

1879	明治12	39歳	自由民権運動政客往来、塾開設　東熊野街道着工 五郎誕生	教育令布告
1880	明治13	40歳	中島信行の大和遊説のために3000円提供 末子誕生	奈良公園の設立
1881	明治14	41歳	新島襄に面会（次男、三男、同志社へ） 娘ら梅花女学校へ	堺県、大阪府に 近畿自由党（立憲政党）結成 明治14年の政変（大隈重信罷免）
1882	明治15	42歳	立憲政党に参加、日本立憲政党新聞に出資 山林共進会出品　品川弥二郎来宅　私学校の芳水館開校 桑苗を村内に配布、養蚕を手がける 板垣退助に洋行費拠出 六郎誕生	板垣退助岐阜遭難事件 東洋社会党結党（樽井藤吉） 東京山林学校開校
1883	明治16	43歳	立憲政党解党　板垣、川上村来訪 吉野木材株式会社設立、筆頭株主　東熊野街道完成	
1884	明治17	44歳	五條〜上市間の道路改修着工 景山英子を支援 陸奥宗光と自由亭にて会談 大阪府警に連行され取り調べ	甲申事変。金玉均、亡命 自由党解党
1885	明治18	45歳	金玉均来宅	大阪事件、景山、樽井、桜井逮捕
1886	明治19	46歳		
1887	明治20	47歳	五條道路完成 静岡・栃木・群馬、広島・岡山・京都・徳島ほかを巡回視察	奈良県再配置
1888	明治21	48歳	富子、原六郎と結婚	

年	和暦	土倉庄三郎		日本史
1889	明治22	49歳	伊香保に造林開始 十津川郷で大水害、北海道移住に寄付	川上村成立(郷の合併)
1890	明治23	50歳	第3回内国勧業博に筏等出展 政子、アメリカへ留学 衆議院選挙に出馬するも、辞退	新島襄、死亡 第1回総選挙、桜井徳太郎当選
1891	明治24	51歳	藍綬褒章受章	
1892	明治25	52歳	龍次郎、父に請願書　吉野宮建設に寄付	第2回総選挙　樽井藤吉当選
1893	明治26	53歳	糸・小糸、結婚	『大東合邦論』(樽井藤吉出版)
1894	明治27	54歳	金玉均、来訪 大杉谷官林払い下げ・林道建設開始 高野山で伐採事業、木馬導入	日清戦争開戦 金玉均、上海で暗殺
1895	明治28	55歳	奈良公園内造林開始　南和鉄道発起人 「年々戦勝論」を唱える 龍次郎、台湾へ	日清戦争終結　台湾領有
1896	明治29	56歳	日本赤十字社奈良支部に250円寄付 日本女子大設立に5000円寄付、広岡浅子来訪 「古社寺保存ノ請願」提出　奈良県材木業協会設立、会長	
1897	明治30	57歳	政子帰国 第4回全国材木業連合大会、奈良で開催 吉野材木銀行設立願い	
1898	明治31	58歳	川上村村会議員当選　川田順、大滝に滞在 『吉野林業全書』を出版　奈良農工銀行設立(監査役) 龍次郎、台湾に1万haの山林を租借	国宝制度設置

1899 明治32	59歳	『林政意見』を刊行　吉野鉄道株式会社設立 大台教会完成　滋賀・西浅井村に造林 政子、内田康哉と結婚 大日本山林会第12回総会、奈良市開催　大和山林会結成	
1900 明治33	60歳	川上村村長就任、村有林を造成寄付　還暦の祝宴 龍泉寺に２０００円、山林寄付　五社峠修復 知恩院寺領の返還運動　奈良公園改良計画、実施 亀三郎、瀧野家へ	義和団事件
1901 明治34	61歳	滋賀県塩津に造林　政子、公使夫人として清国へ 還暦祝いに、ウライタイヤル族を大滝に招待	日本女子大学校開校
1902 明治35	62歳	龍次郎、台湾に造林開始　如意輪寺の修復寄付 勲六等受勲　モンゴル王族の帰国費援助 川上村村有林づくり	
1903 明治36	63歳	川上村村長退任　六郎死去 龍次郎、台北電気会社設立－売却 『再ビ林政ノ刷新ヲ論ズ』上梓	
1904 明治37	64歳	鶴松、佐々木照山に内蒙古探検依頼	日露戦争開戦
1905 明治38	65歳	四郎・五郎、三島海雲と中国で事業	日露戦争終結
1906 明治39	66歳	龍次郎、台湾植林完了 大滝修身教会誕生	
1907 明治40	67歳	台湾植林地売却、龍次郎台湾引揚げ 兵庫県但馬地方造林事業を開始 芳水館、村に寄付・奨学金３０００円寄付・大滝青年会 １０００円寄付	

		土倉庄三郎		日本史
1908	明治41	68歳	妻寿子死去　鶴松の清国炭鉱事業・製革事業	
1909	明治42	69歳	骨董品売立　親族会議で山林売却	
1910	明治43	70歳		日韓併合
1911	明治44	71歳	済生会に1000円寄付（匿名） 鶴松の妻・容志死去、ナラヱと再婚	辛亥革命
1912	明治45／大正元	72歳	尊秀王御墓の考証委員	明治天皇崩御
1913	大正2	73歳	御嶽山清水寺紛争仲裁、最後の造林事業 大阪電気軌道の株買い支え	
1914	大正3	74歳	御嶽山清水寺紛争落着、謝金2万円寄付し道路開設	第1次世界大戦
1915	大正4	75歳	尊秀王御墓問題、落着 妙見山日光院の山林紛争仲裁	
1916	大正5	76歳	浄土宗五重相伝を受ける	
1917	大正6	77歳	7月19日死去	
1918	大正7		庄三郎の銅像建立、大滝の土倉邸、原家が買い取る	
1919	大正8		龍次郎、三島海運のカルピス開発に関与	板垣退助死去
1920	大正9		四郎死去	同志社大学開校
1921	大正10		土倉翁造林頌徳記念碑完成	
1922	大正11			
1923	大正12			関東大震災

1924	大正13	正治死去　平三郎死去	
1925	大正14	土倉本家、債務問題。龍次郎、東京の土地売却	
1926	大正15／昭和元		
1927	昭和2		
1928	昭和3		
1929	昭和4		
1930	昭和5		
1931	昭和6	三郎死去（瀧野家）	
1932	昭和7	末子死去　龍次郎、大日本カーネーション協会設立	満州国建国
1933	昭和8		
1934	昭和9		
1935	昭和10		
1936	昭和11	龍次郎『カーネーションの研究』出版	
1937	昭和12		日華事変勃発
1938	昭和13	龍次郎死去	
1939	昭和14		
1940	昭和15		
1941	昭和16		太平洋戦争勃発

年	土倉庄三郎	日本史
1942 昭和17	鶴松死去	
1943 昭和18		
1944 昭和19		
1945 昭和20		敗戦
1946 昭和21	政子死去	
1947 昭和22		
1948 昭和23		
1949 昭和24		
1950 昭和25		
1951 昭和26		
1952 昭和27		
1953 昭和28		
1954 昭和29		
1955 昭和30		
1956 昭和31		
1957 昭和32	富子死去	
1958 昭和33		
1959 昭和34	土倉邸水害で崩壊	伊勢湾台風

1960	昭和35		
1961	昭和36		
1962	昭和37		
1963	昭和38		
1964	昭和39	土倉祥子、『評伝土倉庄三郎』大和タイムス連載	
1965	昭和40	植田順子死去	
1966	昭和41	『評伝土倉庄三郎』出版　五十回忌（銅像）	
2007	平成19	NPO法人芳水塾結成	
2016	平成28	土倉庄三郎百回忌	

主な参考文献（順不同）

本書執筆は文献のほかに多くの人々の協力によって成り立った。文中に名前を記さなかったものの、銭谷武平氏、谷彌兵衛氏、辻井英夫氏、玉置健一氏、古瀬順啓氏、池田淳氏、上田杉司氏、開沼正氏、本井康博氏、そして土倉正雄・宣子夫妻、土倉幹雄氏、土倉敏宏氏、土倉英資氏、土倉大明氏、堀明彦氏、柳川理惠氏など多くの土倉家縁戚の人々、そして芳水塾の皆さんや取材に伺った方々にお世話になった。

書籍等

土倉祥子（1966）『評伝土倉庄三郎』朝日テレビニュース社出版局
森庄一郎著、土倉梅造監修（2012）『吉野林業全書（復刻版）』日本林業調査会
谷彌兵衛（2008）『近世吉野林業史』思文閣出版
藤田佳久（1998）『吉野林業地帯』古今書院
笠井恭悦（1964）『林野制度の発展と山村経済』（近代土地制度史研究叢書3）御茶の水書房
福本和夫（1955）『新・旧山林大地主の実態』東洋経済新報社
赤羽武編（1987〜1992）『吉野林業史料集成1〜10』筑波大学
村尾行一（1986）『新版　山村のルネサンス』都市文化社
前園実知雄・松田真一共編（2004）『吉野　仙境の歴史』文英堂
辻井英夫（2011）『吉野・川上の源流史　伊勢湾台風が直撃した村』新評論
筒井迪夫（2003）『森林文化社会の創造：明治林政への訣別』福本事務所
筒井迪夫（1978）『日本林政史研究序説』東京大学出版会
北原種忠（1920）『家憲正鑑（大正九年版）』盛明舎
菊地幽芳編（1892）『明治富豪譚』大阪毎日新聞社
實業之日本社編『当代の實業家人物の解剖』（1903）實業之日本社
大阪朝日新聞社編『人物画伝』（1907）有楽社
奈良県近代史研究会編（1981）『奈良県近代史史料（1）　大和の自由民権運動』奈良県近代史研究会
和田萃他（2003）『県史29　奈良県の歴史』山川出版社
鈴木良編（1985）『県民100年史　奈良県の百年』山川出版社

手束平三郎（1989）『森のきた道　明治から昭和へ・日本林政史のドラマ』日本林業技術協会
同志社編（1954）『新島襄書簡集』岩波文庫
新島襄著、新島襄全集編集委員会編（1983〜1996）『新島襄全集（1〜10）』（書簡・日記・年譜）同朋舎出版
本井康博（2005）『新島襄の交遊　維新の元勲・先覚者たち』思文閣出版
本井康博（2016）『新島襄の師友たち──キリスト教界における交流──』思文閣出版
本井康博（2016）『自己発見のピルグリム　新島襄を語る・別巻（五）』思文閣出版
不破俊輔（2012）『新島八重その生涯』明日香出版社
和田洋一（1973）『人と思想シリーズ＝第2期　新島襄』日本基督教団出版局
後藤靖（1972）『自由民権──明治の革命と反革命』中央新書
板垣退助（1957）『自由党史（上・中・下）』岩波文庫
奈良県水平運動史研究会編（1972）『奈良県水平運動史』部落問題研究所出版部
池田彌三郎他（1980）『歴史への招待8（板垣死すとも）』日本放送出版協会
横山宏章（2002）『草莽のヒーロー「無名の英雄・渡邉元」と東アジアの革命家』長崎新聞新書
琴秉洞（1991）『金玉均と日本　その滞日の軌跡』緑蔭書房
姜健栄（2006）『開化派リーダーたちの日本亡命──金玉均・朴泳孝・徐載弼の足跡を辿る』朱鳥社
田中惣五郎（1970）叢書・名著の復興『東洋社会党考』新泉社
福田英子（1958）『妾の半生涯』（岩波文庫）
村田静子（1996）『福田英子──婦人解放運動の先駆者』岩波新書
影山礼子（1994）『成瀬仁蔵の教育思想──成瀬的プラグマティズムと日本女子大学校における教育──』風間書房
仁科節編（1989）伝記叢書56『成瀬先生伝』大空社
廣吉壽彦・谷山正道編（1999）『大和国高瀬道常年代記』清文堂出版
三戸岡道夫（2007）『金原明善の一生』栄光出版社
赤座憲久（1993）『あばれ天竜を恵みの流れに──治山治水に生涯をささげた金原明善』ＰＨＰ研究所
遠山益（2006）『本多静六　日本の森林を育てた人』実業之日本社
本多静六（2006）『本多静六自伝　体験八十五年』実業之日本社

本多静六（2013）『私の財産告白』実業之日本社文庫
三島海雲（1967）『私の履歴書　第29集』（三島海雲）日本経済新聞社
山川徹（2022）『カルピスをつくった男　三島海雲』小学館文庫
津下紋太郎（1982）『津下紋太郎自伝』玉川大学出版部
岡本勇治（1923）『大臺ヶ原山　世界乃名山』大台教会本部
鈴木林（2001）『大台ヶ原開山記――古川嵩伝記――』近代文芸社
永冨謙（2011）『〝道〟を拓いた偉人伝――道をつくり、道を愛した5人の軌跡』イカロス出版
日本の廃道編集部『日本の廃道第37号・第48号・第49号・第50号（PDF版）』http://www.the-orj.org/history/history.html
益田孝著、長井実編（1989）『自叙　益田孝翁伝』中公文庫
板沢武雄、米林富男共編（1937）『原六郎翁伝』原邦造
國雄行（2005）『博覧会の時代――明治政府の博覧会政策』岩田書院
森茂暁（1997）『闇の歴史、後南朝――後醍醐流の抵抗と終焉』角川選書
山口昌男（2005）『「敗者」の精神史　上・下』岩波現代文庫
夏聖禮・趙俊祥・江中信、土倉正雄・宣子監訳（2004）『百年滄桑――土倉龍次郎と台北龜山水力發電所』日本語版　東洋印刷
奈良公園史編集委員会編（1982）『奈良公園史』奈良県
正木直彦（1937）『回顧七十年』学校美術協会出版部
土倉梅造（1991）『随想録――土倉祥遺稿集』非売品
土倉九三氏追悼文集編集委員会（1997）『追悼　土倉九三』非売品
百年史編纂委員会編（1977）『百年史』川上村立川上第一小学校　非売品

冊子・文書・紀要・報告書等

佐藤藤太（1917）『土倉庄三郎――病臥、弔慰、略歴』非売品
川上村編（1949）『郷土の先覚者　土倉庄三郎翁』非売品
天理図書館（1968）『土倉家文書目録』天理大学出版部　非売品
土倉庄三郎・中邨彌六（1899）『林政意見』非売品

土倉庄三郎（1902）『再ビ林政ノ刷新ヲ論ズ』非売品
『愛国社再興趣意書』
『内申申立　寄付録』
『古社寺保存ノ請願』
奈良県行政文書（1899）『土倉庄三郎桴出品ニ付往復文書』
奈良県教育委員会（1970）『大滝ダム関係地民俗資料緊急調査報告書』非売品
土倉庄三郎（1890）『第三回内國勧業博覧會大和国吉野材木桴出品解説書』非売品
辰巳藤吉『川上村事蹟に関する記録』非売品
吉野町（2004）『上田家文書調査報告書』非売品
農林水産奨励会（2010）『草創期における林学の成立と展開』農林水産奨励会
本井康博（2005）「土倉家の人びと」『同志社談義第25号』同志社大学
台湾総督府警務局（1932）『理蕃誌稿』台湾総督府警務局　非売品
日本花き生産協会カーネーション部会（2009）『カーネーション生産の歴史──愛されつづけて100年』非売品
本多静六（1921）『土倉翁造林頌徳記念ノ磨崖碑及ビ同翁ノ略歴』（非売品）
『日本女子大学校の過去現在及び将来』（非売品）
中村政雄編（1942）『日本女子大学校四十年史』日本女子大学校（非売品）
日本女子大学成瀬記念館（1995）『日本女子大学校創立事務所日誌（一）（二）』日本女子大学成瀬記念館
広島県内務部第七課（1903）『勧業報告（林業講話）』
梅花学園百十年史編集委員会編（1988）『梅花学園百十年史』梅花学園
南都銀行行史編纂室編（1985）『南都銀行五十年史』南都銀行
毎日新聞社（1972）『毎日新聞百年史──1872─1972』毎日新聞社
川上村史編纂委員会（1954）『川上村史』非売品
五條市史調査委員会（1958）『五條市史　上・下』五條市史刊行会
西吉野村史編集委員会（1963）『西吉野村史』西吉野村教育委員会
大淀町史編集委員会（1973）『大淀町史』大淀町役場

奈良県史編集委員会（1984〜1999）『奈良県史　全18冊』名著出版
海山町（1984）『海山町史』海山町役場

雑誌・新聞等

川田順「山林王盛衰記」東洋経済新報別冊（昭和29年9月15日号）東洋経済新報社
川田順「山林王余話――大和軍土倉家始末――」週刊東洋経済新報臨時増刊（2668号）東洋経済新報社
大日本山林会報（明治32年10月202号、明治36年5月246号）
大和山林会報参号・拾号
林業経済（1951年2月号・57年12月号・58年9月号・66年）林業経済研究所
「土倉氏の林業実歴談」大和講農雑誌第78号（明治35年12月25日）大和講農雑誌社
吉野之實業（明治36年10月号）奈良県吉野郡農会
「土倉盛衰記」大阪新報（大正2年5月10日〜7月3日）
「逝きし土倉庄三郎翁」家庭週報（第426号〜429号）
加藤衛拡「『吉野林業全書』の研究」徳川林政史研究所紀要（昭和58年度）
平井良朋「板垣退助欧遊費の出資に就いて」日本歴史（238）
平井良朋「土倉家文書について（1）（2）（3）」ビブリア（35、42、45）
谷彌兵衛「土倉家山林関係文書の実証的研究（1）（2）」ビブリア（106、107）
囲碁史会会報11号（平成21年1月）

ほか多数。またインターネットで多くのサイトからも情報を収集させていただきました。

文中に使用した写真は、多くの方々から提供されましたが、その大元はほとんど土倉家からです。それ以外の写真には提供者の名を記しました。

田中淳夫 タナカ・アツオ

1959年大阪生まれ。静岡大学農学部を卒業後、出版社、新聞社等を経て、フリーの森林ジャーナリストに。森と人の関係をテーマに執筆活動を続けている。主な著作に『虚構の森』『絶望の林業』、『森は怪しいワンダーランド』（新泉社）、『獣害列島　増えすぎた日本の野生動物たち』（イースト新書）、『森林異変』『森と日本人の1500年』（平凡社新書）、『樹木葬という選択』『鹿と日本人――野生との共生1000年の知恵』（築地書館）、『ゴルフ場に自然はあるか？ つくられた「里山」の真実』（ごきげんビジネス出版・電子書籍）など多数。ほかに監訳書に『フィンランド　虚像の森』（新泉社）がある。

E-mail:QZB00524@nifty.ne.jp

山林王

2023年3月25日　第1版第1刷発行

著者
田中淳夫

発行者
株式会社新泉社
東京都文京区湯島1-2-5 聖堂前ビル
TEL　03-5296-9620
FAX　03-5296-9621

印刷・製本
株式会社太平印刷社

ISBN978-4-7877-2210-2　C0095

新泉社の本

田中淳夫 著
四六判 304頁 2200円＋税
ISBN 978-4-7877-1919-5

絶望の林業

若者の就労者が増えたことで、成長産業と期待されている日本林業。しかし、その実態は官製成長産業であり、補助金なくしては成り立たない日本の衰退産業の縮図といえる。長年にわたり森林ジャーナリストとして日本の森、林業にかかわってきた田中淳夫が、林業界の不都合な真実に鋭く切り込んだ話題作。

虚構の森

SDGsが大流行の昨今だが、環境問題に関しては異論だらけ。果たして何が正解かわからない。さらに地球環境を巡ってはさまざまな〝常識〟も繰り広げられている。しかし、それをそのまま信じてもいいのだろうか？　そうした思い込みに対して検証を試みた一冊。「森の常識」を元につくられた〝環境問題の世論〟に異論を申し立てる。

田中淳夫 著
四六判 264頁　2000円＋税
ISBN 978-4-7877-2119-8